社会工作作为专业力量参与脱贫攻坚，
将专业队伍、专业方法、专业力量运用到脱贫攻坚的工作中，
发挥了不可替代的专业优势和人才优势，
提升了反贫困工作的专业性。

国家出版基金项目
NATIONAL PUBLICATION FOUNDATION

大国攻坚·反贫困社会工作丛书

丛书主编　向德平

赋权视角下的反贫困社会工作研究

陈　琦　著

華東理工大學出版社
EAST CHINA UNIVERSITY OF SCIENCE AND TECHNOLOGY PRESS
·上海·

图书在版编目(CIP)数据

赋权视角下的反贫困社会工作研究 / 陈琦著. —上海：华东理工大学出版社，2023.8(2024.12 重印)
(大国攻坚·反贫困社会工作丛书 / 向德平主编)
ISBN 978-7-5628-7106-4

Ⅰ. ①赋… Ⅱ. ①陈… Ⅲ. ①扶贫—社会工作—研究—中国 Ⅳ. ①F126

中国国家版本馆 CIP 数据核字(2023)第 162406 号

内 容 提 要

社会工作自诞生以来，就具有天然的反贫困属性。社会工作参与反贫困，不仅强调满足贫困人群物质生活的基本需要，更强调通过赋权方法改善贫困人群的无力感、增强资源控制、促进社会参与、构建发展能力等，以实现减轻贫困的目标，并最终让贫困人群有能力应对生活的挑战。本书主要从赋权的视角出发，探讨了社会工作反贫困的理论和实践。全书共分六章，包含反贫困理论与反贫困实践、赋权理论及其应用领域、国内外反贫困的赋权实践、反贫困领域的社会工作、赋权在反贫困社会工作中的应用、反贫困社会工作赋权体系的构建。本书可供从事贫困治理和社会工作研究与实践的政府、高校、研究机构的专业人员借鉴参考，也可作为高等院校相关专业的参考用书。

策划编辑 / 刘　军
责任编辑 / 祝宇轩
责任校对 / 金美玉
装帧设计 / 王　翔
出版发行 / 华东理工大学出版社有限公司
地址：上海市梅陇路 130 号，200237
电话：021-64250306
网址：www.ecustpress.cn
邮箱：zongbianban@ecustpress.cn
印　　刷 / 上海中华商务联合印刷有限公司
开　　本 / 710 mm×1000 mm　1/16
印　　张 / 13.5
字　　数 / 167 千字
版　　次 / 2023 年 8 月第 1 版
印　　次 / 2024 年 12 月第 2 次
定　　价 / 78.00 元

教育部人文社会科学研究青年基金项目“深度贫困地区农村妇女的能力贫困与赋权研究”(18YJC840008)的阶段性成果。

编委会名单

丛书总序

我国以脱贫攻坚为标志的国家级重大反贫困行动，于2020年年底取得了预期成果，绝对贫困总体上被消除。脱贫攻坚可以说是中国乃至世界反贫困史上的一件大事，值得书写一笔。社会工作作为一种专业力量参与其中，并发挥了重要作用，其实践和经验值得总结。由向德平教授主编的“大国攻坚·反贫困社会工作丛书”在这方面做了开创性的工作，值得我们称赞。

一、社会工作参与反贫困是一项重大的专业实践

（一）反贫困是社会工作的一项核心任务

社会工作自产生之日起，就与反贫困结下了不解之缘。不是社会工作“贪恋”反贫困，而是贫困给贫困群体带来了巨大的痛苦。社会工作作为一种以帮助困难群体缓解困难、追求社会公正与社会进步为己任的专业，理应把反贫困的责任放在自己的肩上。在世界社会工作反贫困历史上，发达国家的社会工作参与反贫困基本上是通过实施社会救助和社会慈善的方式进行的，并形成了社会工作的著名模式。第二次世界大战以后，发展中国家的反贫困主要面向农村展开，经济开发、社区发展成为其主要模式，20世纪50年代联合国倡导的社区发展原则正是社会工作参与反贫困所应遵循的。20世纪80年代以后出现的发展型社会工作，一方面与发展中国家的政府、社会工作者、发展工作者的实践有关，另一方面也受产生于发达国家的社会投资

等理论的影响。这些实践取得了一定的成绩，也为后来发展中国家的反贫困提供了借鉴和参照。

我国作为经济社会政策和发展项目的反贫困工作是从20世纪80年代中期开始的，最初是经济开发，接着是扶贫攻坚，主要是发展经济，由政府部门、国有大中型企业和贫困农户承担主要责任。2015年，我国开始实施脱贫攻坚工程，中央明确要求形成由专项扶贫、行业扶贫和社会扶贫互为补充的大扶贫格局，做到扶贫开发与经济社会发展相互促进，不但注重产业脱贫，而且加强教育等多层面脱贫；要求坚持群众主体，激发内生动力，注重扶贫扶智，增强贫困人口自我发展的能力，同时实施扶贫志愿者行动计划和社会工作专业人才服务贫困地区计划。这样，社会工作力量作为脱贫攻坚的有机组成部分，有了“特殊”的实践机会，也能够更有针对性地参与反贫困行动。2017年，《民政部 财政部 国务院扶贫办关于支持社会工作专业力量参与脱贫攻坚的指导意见》（以下简称《意见》）要求中国社会工作教育协会发挥推动作用，进行教育扶贫。同时，我国开始实施社会工作服务机构“牵手计划”，从发达地区选择专业性强的社会工作服务机构，与贫困地区社会工作服务机构等进行结对。社会工作教育界积极响应政府部门的号召，组织、动员和支持各社会工作院系参与这一具有历史意义的反贫困行动。各类群体参与脱贫攻坚成为中国社会工作重建以来，规模最大、时间较长、有组织、有目标要求的集体性行动。

（二）社会工作参与脱贫攻坚取得了积极成果

按照民政部等部门的《意见》，中国社会工作教育协会参与脱贫攻坚是教育扶贫，其主要任务如下：高校社会工作专业院系要与贫困地区合作建立社会工作专业培训、教师实践和学生实习实训基地，帮助贫困地区培养社会工作专业人才；高校社会工作专业教师到贫困地区开展专业督导，引导社会工作专业在校生到贫困地区进行社会实践；支持鼓励社会工作专业毕业生到贫困地区就业。在中国社会工作教育协会的组织动员下，各社会工作院系秉持专业精神、发挥主观能动性，组织师生、链接资源、深入贫困地区，开展了多项服务，较好地完成了《意见》提出的任务，并尽己所能地为贫困地区的居民做贡献，在脱贫攻坚中取得了不少开创性成果。社会工作教育界支持了贫困地区的脱贫工作，促进了贫困地区社会工作人才和专业力量的发展，也获得了参与反贫困的直接经验，使我们感受到了当地干部群众和派驻的扶贫干部在反贫困中表现出来的坚韧不拔的精神。同时，参与脱贫攻坚也成为各社会工作院系坚持理论联系实际、开展实践教学、在实践中培养学生、在比较中进行研究的重要场域，因而参与者的收获是丰硕的。

对于参与脱贫攻坚，中国社会工作教育协会领导班子给予了高度重视，设计行动计划、动员组织力量，推动了整个工作向前发展。中国社会工作教育协会还建立了反贫困社会工作专业委员会，在贯彻落实协会的总体部署、推动整个活动发展方面发挥了积极作用。作为反贫困社会工作专业委员会的负责人，向德平教授和他主持的反贫困研究机构积极配合、主动工作，有力地推动了中国社会工作教育协会工作的开展。

二、社会工作界参与反贫困是理论与实践比较、互动和提升的过程

（一）社会工作教育界参与反贫困是理论与服务实践的互动过程

社会工作教育界参与反贫困的特点是，一批批具有深厚社会工作理论

与知识积累的高校教师和研究生、高年级本科生开展实践活动，这同时也是他们走出课堂和校门开展社会工作服务的过程。在一定意义上，它是理论指导实践的过程，也是实践检验书本知识和理论的过程。反贫困工作是在自然环境复杂、文化传统多样的贫困地区展开的，社会文化因素深深地影响着反贫困行动的开展。在上述经济、政治、社会、文化背景下开展的反贫困，必然比书本上介绍的复杂得多。社会工作界参与反贫困，必然会遇到上述复杂因素的影响，会遇到许多亟待解决的"中国式"问题。这是一个不断比较、选择、实践和反思的过程。对社会工作教育界来说，这是一系列挑战，也是在克服困难中不断成长的过程。

（二）书写经验是反贫困理论和实践成果的延伸

社会工作者的基本品格是奉献和共享发展成果，同时社会工作教育界又有改进教育、传播知识、贡献社会的责任。从这个角度来说，将参与反贫困的经验和思考写出来，是十分有意义的事情。向德平教授主编的这套书正是此种努力的体现。该丛书组织了国内社会工作界20多位专家学者，基于社会工作实践，总结反贫困的相关模式和经验，生产社会工作知识，价值显而易见。

该丛书以实践为基础，兼顾了反贫困知识和实践的完整性。它是多视角、全方位和具有整体性的。其主要视角包括社区为本视角、抗逆力视角、内生动力视角、资产建设视角、金融服务视角、可行能力建设视角、赋权视角、贫困治理视角、心理弹性和生涯辅导视角等。它关注的服务对象主要包括儿童、老年、妇女、残疾人及西部农村中的弱势群体。该丛书既介绍既有的社会工作理论，也介绍中国特色的社会工作实践。基于本土实践，它介绍了社会工作参与反贫困模式的多样化和经验的多元化，反映了中国反贫困的经验及社会工作参与反贫困的机制，阐明了专业社会工作是如何发挥专业优势、实现服务效能的。

该丛书也是系列教材，体现了从理论到实践、从实践到知识的转化过程。这里包含了对反贫困知识和理论的选择，包括在实践中对社会工作知识的运用和反思，也包括基于实践的知识建构，还包括不同类型和不同层次的建议。该丛书内容丰富，有借鉴、有创新，可指导实践，也为反贫困研究提供了参考框架，是反贫困领域的学术力作，是社会工作本土化的重要成果。

三、在乡村振兴中更好地运用和发展社会工作参与反贫困的经验

到2020年年底，我国在总体上消灭了绝对贫困，但是相对贫困还会长期存在。中国共产党第十九届中央委员会第五次全体会议提出“实现巩固拓展脱贫攻坚成果同乡村振兴有效衔接”，我国巩固脱贫成果和反贫困的任务依然是十分繁重的。在走向乡村振兴、实现共同富裕的进程中，已经取得的反贫困经验在一定程度上依然有效，这与相对贫困现象在地域、群体、经济状况、社会生态和文化上的连续性密切相关。当然，相对贫困也有自身的特点，贫困群体有了以往反贫困的经验，有了相对好的经济基础和社会生活条件，他们摆脱贫困的内在动力和能力也有所增强。但是我们也要看到，在新的国际国内形势下，面对不断加剧的市场化竞争，相对贫困群体的生存压力不会减少，反贫困的发展性要求会更加突出。我国已经进入社会主义现代化建设的新阶段，要贯彻新的发展理念，构建以国内大循环为主体、国内国

际双循环相互促进的新发展格局，其中乡村全面振兴、遏制返贫现象发生、实现共同富裕任务艰巨。在这种背景下，社会工作者在参与脱贫攻坚中获得的经验仍然有重要的参考价值。我们也期待社会工作者群体在参与乡村振兴和解决相对贫困问题方面取得新的成果。

把论文写在祖国大地上，中国社会工作教育界以自己的实际行动在认真践行。

王思斌
北京大学社会学系

主 编 序

打赢脱贫攻坚战，是实现中华民族伟大复兴的底线要求，是贫困地区与全国一起全面建成小康社会的关键之举，是实现国家长治久安的重要保障。

我国扶贫开发进入精准扶贫、精准脱贫的新阶段。精准扶贫战略贵在精准，精准与专业具有同构性，只有调动专业的力量参与精准扶贫，才能进一步提升精准识别、精准帮扶、精准管理的精准度，才能更专业地解决贫困人口在脱贫过程中的个性问题与发展问题。社会工作参与脱贫攻坚具有重要的意义，在反贫困工作中扮演着重要的角色。

社会工作作为专业力量参与脱贫攻坚，将专业队伍、专业方法、专业力量运用到脱贫攻坚的工作中，发挥了不可替代的专业优势和人才优势，提升了反贫困工作的专业性。事实上，社会工作起源于贫民救济或慈善事业，其发展的历史就是人们与贫困做斗争的历史。社会工作的专业方法、理念正是人们在与贫困及相关社会问题做斗争的实践中逐步形成和发展起来的，因此，社会工作参与脱贫攻坚具有深厚的历史基础和重大的现实意义。社会工作参与脱贫攻坚是社会扶贫的重要组成部分。作为精准扶贫的专业力量，社会工作通过需求评估，精准识别贫困人口及其致贫原因；通过资源整合，动员与协调各方扶贫力量和扶贫资源；通过提升扶贫对象的能力，激发和提升扶贫对象的内生动力和可行能力。社会工作参与脱贫攻坚，有助于提高反贫困工作的精准性和可持续性，实现由“输血型”扶贫向“造血型”扶贫、救助型扶贫向发展型扶贫的转变。

党中央、国务院十分重视社会工作专业人才服务贫困地区的工作，《中共中央 国务院关于打赢脱贫攻坚战的决定》（中发〔2015〕34号）、《中华人民共和国国民经济和社会发展第十三个五年规划纲要》和《国务院关于印发“十三五”脱贫攻坚规划的通知》（国发〔2016〕64号）对实施社会工作专业人才服务贫困地区计划、支持专业社会工作和志愿服务力量参与脱贫攻坚提出了明确的要求。为贯彻落实党中央、国务院的决策部署，支持社会工作专业力量参与脱贫攻坚工作，《民政部 财政部 国务院扶贫办关于支持社会工作专业力量参与脱贫攻坚的指导意见》发布，民政部办公厅、国务院扶贫办综合司出台了《社会工作教育对口扶贫计划实施方案》。

为落实《民政部 财政部 国务院扶贫办关于支持社会工作专业力量参与脱贫攻坚的指导意见》的精神，贯彻实施民政部、国务院扶贫办联合制定的《社会工作教育对口扶贫计划实施方案》，深入推进教育扶贫工作，全国社会工作专业学位研究生教育指导委员会和中国社会工作教育协会积极实施“社会工作教育对口扶贫计划”，组织全国200多所高校参与社会工作教育对口扶贫工作。在反贫困社会工作实践中，社会工作教育和实践工作者积极探索，积累了较丰富的实务经验，总结了一批典型案例，产出了一系列理论成果。本丛书是中国社会工作参与反贫困成果的系统呈现。

2019年3月16日，中国社会工作教育协会反贫困社会工作专业委员会与华东理工大学出版社在武汉举行“大国攻坚·反贫困社会工作丛书”启动仪式。来自十几所高校的20余名作者代表参加了会议。会议研讨、确定了本套丛书的写作框架和主要内容。

本丛书是在全国社会工作专业学位研究生教育指导委员会、中国社会工作教育协会的指导下，由中国社会工作教育协会反贫困社会工作专业委员会具体组织完成的。王思斌教授、阮曾媛琪教授、谢立中教授、蔡禾教授、关信平教授、马凤芝教授、彭华民教授全力支持反贫困社会工作专业委员会的工作，指导本丛书的编写。

中国社会工作教育协会前任会长徐永祥教授高度重视本丛书的编写工作，为丛书的编写和出版提供了巨大的支持。本丛书寄托了全体社会工作同仁对徐永祥教授的深沉怀念！

感谢所有关心、支持本丛书的专家和同仁！

向德平

华中科技大学社会学系

目　录

CONTENTS

第一章　贫困理论与反贫困实践

第一节　贫困的概念及理论演进

贫困问题是人类社会共同面对的焦点问题。世界各国在谋求发展的过程中持续关注贫困问题，并采取了各种措施以应对贫困问题带来的挑战。在反贫困研究中，学者们从不同视角对贫困问题进行了多样化的解读，深化了人们对贫困问题的认识，也为反贫困实践提供了理论基础。

一、贫困的概念

英国的布思（Booth）和朗特里（Rowntree）开创了对贫困问题的研究。此后，不同研究者开始从不同角度来定义贫困。贫困的概念是发展的，它处于不断演进和丰富的过程之中。纵观贫困概念的发展过程，我们可以发现一些有代表性的定义，其中包括缺乏说、能力说、排斥说等。

缺乏说强调贫困的个人或者家庭缺少必要的收入或资源等用于维持最基本的生活水平。例如，英国的汤森（Townsend）将贫困定义为“所有居民中那些缺乏获得各种食物、缺乏参加社会活动和最起码的生活和社交条件的个人、家庭和群体就是贫困的”。① 哈格纳尔斯(Hagenaars)等认为,贫困研究和社会政策都采用各种各样的贫困定义,但是基本上,贫困的定义可以分为三类:第一类,贫困是指没有达到客观限定的绝对最低限度;第二类,贫困是比社会上其他人拥有的资源少;第三类,贫困是感觉自己没有足够的钱生活。② 其中,比其他人拥有的资源少和没有足够的钱生活都体现了缺乏的含义。因为缺乏说所反映的贫困是相对容易测量的,所以世界各国在衡量绝对贫困时通常将未达到最低限度的收入或缺少物品、服务等作为依据。

能力说也占有比较重要的地位。《1990 年世界发展报告:贫困问题·社会发展指标》从能力视角重新定义了贫困。该报告指出,贫困问题归根结底是维持最低生活标准的能力不足或缺失,其中又包含收入难以维持基本生活、文化程度不足、健康状况堪忧等多个方面。根据阿马蒂亚·森(Amartya Sen)的观点,发展应该被视为人类能力的拓展。能力说拒绝把货币收入作为衡量幸福的标准,而是要关注有价值的生活的指标。在这一框架中,贫困被定义为能力上的剥夺,或者缺乏达到某种最低限度生活的基本能力。森认为,在个体报酬获取水平较低之外,人们应更多地关注个体被剥夺的权利和拥有的基本的能力资源。③ 能力说的内涵非常丰富,缺少维持基

① 唐钧:《社会政策的基本目标:从克服贫困到消除社会排斥》,《江苏社会科学》2002 年第 3 期。

② Hagenaars A and de Vos K, "The Definition and Measurement of Poverty," *Journal of Human Resources* 23, no. 2(1998): 211 - 221.

③ Laderchi C et al., "Does it Matter that we do not Agree on the Definition of Poverty? A Comparison of Four Approaches," *Oxford Development Studies* 31, no. 3(2003): 243 - 274.

本生计的能力、缺少自我发展的能力等都可以被视为能力贫困。

排斥说通常与个人的参与机会和权利剥夺相关。社会排斥是指个人或群体完全或部分地被排除在其有权参与的政治、经济、社会、文化生活之外。当一个公民有意愿参与，但是出于其无法控制的原因而不能参与社会公民的正常活动时，此人就是被排斥的。贫困人群通常就是被排斥的人群。《2000/2001年世界发展报告：与贫困作斗争》以应对贫困为主题，全面分析了贫困的本质，提出了行动框架。这份报告丰富了贫困的内涵，认为贫困的衡量标准不仅应当包括收入、教育、健康等指标，还应当包括人们遭受的风险以及被排斥在应有的权力之外。[①] 社会排斥的原因和表现方式多种多样，不同的人遭受排斥的原因不同：或者是基于个人的性别、年龄、种族、生理缺陷、能力不足等自然属性，或者是基于宗教信仰、社会阶层、职业分类等社会属性。排斥可能发生在社会生活的各个领域中，例如个人没有机会参与政治生活，因而不能为自己发声；没有能力参与经济生活，因而不能获取必要的收入；不被他人所认可或接纳，导致缺少必要的社会关系网络等。

米斯图雷利（Misturelli）等对20世纪70年代到21世纪初的30多年间产生的159种贫困的定义进行了评估。她认为，贫困是一个极具争议和不稳定的概念，很难用一个定义将其准确描述出来。在不同的时代背景下，会有各种新的因素渗透到对贫困的解释中，因而贫困包含了各种各样的意思。米斯图雷利将贫困的各种定义所涉及的主题分为七类，分别为：生理层面（食物、健康标准、预期寿命、死亡率、生存环境、人身安全、水）；物质层面（住

---

① World Bank, *World Development Report 2000 / 2001: Attacking Poverty* (New York: Oxford University Press, 2000), p. 15.

房、衣服、家庭、交通、资产、资源、物资匮乏);心理层面(自卑、缺乏快乐、屈辱、孤立、排斥感、缺乏幸福、被他人憎恨);经济层面(收入、就业、最低收入、缺乏收入、工作条件、融入经济体制、基本生活资料、物质缺乏、脆弱性、不安全感);社会层面(社会流动性、参与、不平等、排斥、不参与市场、没有议价能力、孤立、阶层、性别、残疾、遭受虐待、不参与社区生活、权利、脆弱性、尊严、自由、教育);体制层面(教育、卫生保健、交通工具以及进入特定机构的机会);政治层面(无权、不能发声、政治参与、政治权利)。①

20 世纪 70 年代,人们对贫困的定义集中于物质层面,贫困被视为无法满足获得体面生活的基本要求,即无法获得足够的营养、住房、衣服、教育、保健等。20 世纪 80 年代,贫困的定义开始包括无力、孤立和脆弱等概念。20 世纪 90 年代,贫困的定义进一步发展,研究者们对贫困的描述是多层面的,如强调经济对贫困的影响、权利因素对贫困的影响得到强化等。进入 21 世纪,研究者关注的贫困议题更加多样化,与权利有关的议题更加突出。联合国有关机构曾经指出,贫困不仅是对经济或物质资源的剥夺,也是对人的尊严的侵犯。贫困侵蚀或否定经济和社会权利,例如健康权、住房权、食物权、安全饮水权和受教育权等。

2 000 多年前,我国先哲就对“贫穷”和“贫困”做了释义。《左传·昭公十四年》中对于贫困的理解是:“大体贫穷相类,细言穷困于贫,贫者家少财货,穷谓全无家业。”这可以说是我国最早见诸文献的关于贫困的论述。《荀子·大略》中进一步提出:“多有之者富,少有之者贫,至无有者为穷。”《说文

① Misturelli F and Heffernan C, “The Concept of Poverty: A Synchronic Perspective,” *Progress in Development Studies* 10, no. 1(2010): 35 - 38.

解字》对“贫”字的解释为：“贫，财分少也。”可见，我国先哲对贫困的理解基本上体现了缺乏说的内涵，但是“贫”和“穷”仍然存在着一定差异，“贫”是一种较轻程度的缺乏，而“穷”则是一无所有。

20 世纪 90 年代，随着我国扶贫开发的持续推进，学者们对贫困问题的研究进一步深入，对于贫困的理解也在不断丰富和深化，对贫困的认识从单一维度发展到多个维度。国家统计局对贫困作出了界定：个体或家庭的基本生活水准难以达到社会所认可的最低标准，主要体现在物质生活资料相对匮乏。资源或基本服务的缺失使得个体或家庭陷于贫困。部分学者认为，贫困是物质或收入的缺乏。汪三贵指出：“贫困是指缺乏生活资料，缺少劳动力再生产的物质条件，或者因收入低而仅能维持相当低的生活水平。”① 赵冬缓和兰徐民认为：“贫困是指在一定环境（包括政治、经济、社会、文化、自然等）条件下，人们长时期无法获得足够的劳动收入来维持一种生理上要求的、社会文化可接受的和社会公认的基本生活水准的状态。”②也有一些学者描述了贫困的多维性。原华荣认为，贫困是一种相对低收入的状态。它不仅意味着食物、衣服、住房等基本生活资料的不足而造成的食不果腹和衣不蔽体，而且还意味着缺少教育、文化、医疗和保健，意味着较高的死亡率和较低的寿命，以及较低的社会地位和精神的压抑，同时也意味着改变这种状况的机会和手段的缺乏。③ 童星和林闽钢认为：“贫困是经济、社会、文化落后的总称，是由低收入造成的缺乏生活所需的基本物质和服务以及没有发

① 汪三贵：《贫困问题与经济发展政策》，农村读物出版社，1994，第 1 页。
② 赵冬缓、兰徐民：《我国测贫指标体系及其量化研究》，《中国农村经济》1994 年第 3 期。
③ 原华荣：《人口与贫困》，《社会学研究》1992 年第 5 期。

展的机会和手段的生活状况。”[①]穆光宗认为:“贫困的本质规定应当是诸多因素、各个环节共同形成的一个恶性循环,也就是物质—文化—精神的恶性循环。”[②]关信平认为:“在某种社会发展条件下,部分群体缺乏维持基本生存的各种资源,并且这些群体往往在多种权利和生存资料上被剥夺,这使得他们长期处于该社会所规定的基本生活水准之下,也就是处于贫困之中。”[③]可见,我国学者对贫困的认识也经历了从单纯的资源、收入等方面的匮乏到注重权利和机会被剥夺等多维度的转变过程。

二、贫困的类型

长期以来,国内外学者对贫困问题给予了极大关注,试图从不同角度来认识贫困问题。鉴于贫困问题的复杂性,学者们依据不同标准对贫困的类型进行了划分,最常见的方式是以贫困的性质和贫困的成因来划分贫困的类型。

(一) 以贫困的性质分类

从贫困的性质来看,贫困是人的一种生存状态,基于对这种生存状态的考察,研究者们将贫困划分为绝对贫困与相对贫困、显性贫困与隐性贫困、经济贫困与文化贫困等不同类型。

1. 绝对贫困与相对贫困

朗特里和布思认为,个体及其家庭的正常生存和基本福利需求都离不

① 童星、林闽钢:《我国农村贫困标准线研究》,《中国社会科学》1994 年第 3 期。
② 穆光宗:《关于贫困之本质、类型及对策的社会人口学分析》,《中国贫困地区》1997 年第 2 期。
③ 关信平:《中国城市贫困问题研究》,湖南人民出版社,1999,第 54—58 页。

开一定数量的货币和具体的服务，而贫困就是个体或者家庭因获取货币或具体服务的资源和能力缺失而出现的一种基本的生存状态。绝对贫困就是家庭的总体收入难以满足基本的物质资料需求的一种生存状态。绝对贫困是经济学意义上的贫困。邓成明认为："绝对贫困是指在特定的社会生产方式和生活方式下，个人和家庭依靠劳动所得或其他合法收入不能满足其基本的生存需要，生命的延续受到威胁。"①绝对贫困聚焦于生存需要，可能表现为缺少食物和衣物、没有安全的住房、遭受疾病以致健康受损等方面。

相对贫困具有主观性、相对性和动态性等特征。当个体不能达到社会公认的平均生活水平时就被视为贫困。相对贫困的概念最早由汤森提出，他认为："当个人、家庭和群体缺乏获得各类饮食，以及参与各种活动的条件且未达到其所属社会普遍认可的生活水平时，他们就可以说是处于贫困之中的。他们所拥有的资源要严重低于普通个人或家庭所拥有的资源，在某种程度上可以看作是被排除在主流社会生活之外的。"②相对贫困是以社会一般成员所处的生活水准来界定的，个体或家庭可能并不存在基本生存的困难，但是与其他社会成员相比较，他们的生活水平相对低下，难以维持一种社会公认的平均生活水平。相对贫困可能发生在不同地区，也可能存在于不同群体之中。相对贫困的产生不仅源于不同个体或家庭在收入上的差距，也可能源于资源、机会、权力等方面的差异。相对贫困更关注社会公平的问题。世界各国在相对贫困的衡量标准上还没有达成共识，部分国家参

① 邓成明：《中国贫困与反贫困的政治分析》，湖南人民出版社，2001，第 10 页。
② 陈琦、王蓓、彭彤：《构建发展型社会福利：英国相对贫困治理的实践和启示》，《江汉大学学报》2021 年第 5 期。

照划定绝对贫困线的方式，划定了相对贫困线来衡量相对贫困。“相对贫困线的划定与某一地区的收入、消费等物质财富的总体分配有关，通常的做法是将相对贫困线设定为社会中位收入或平均收入的某个比率，低于相对贫困线的人口即处于相对贫困状态。”①

2. 显性贫困与隐性贫困

显性贫困主要是指依据贫困的外部特征就可以识别出来的贫困，是人们可以直观感受到的贫困。通常情况下，绝对贫困更多表现为显性贫困，如收入低下、不能维持正常的生活、生存和再生产条件恶劣等。显性贫困可以通过一些直观的指标，如收入达不到贫困线、缺少基本的生存物资、不能接受相应的教育、没有健康的身体等来辨别。

隐性贫困是相对难以进行测量和评估的一种贫困类型。隐性贫困是指“致贫的因素已经存在，但贫困的外部特征并未充分暴露出来，贫困还只是一种可能性，也可以视为一般的贫困统计指标所反映不出来的贫困或隐蔽在一般人均指标内部的贫困”②。隐性贫困可能表现出非物质性，相较于显性贫困，隐性贫困的成因较为复杂，更加难以识别与测度。隐性贫困尤其容易在收入分配不平衡的地区和人群中发生。例如，在我国中东部一些发达的城市中，以一般的贫困标准来看，几乎没有贫困人群，但根据实际的消费标准来看，可能存在许多生活比较困难的人。此外，家庭内部成员之间的收入不平衡也可能导致隐性贫困，家庭中的妇女、老人和孩子往往拥有较少的资源和财富，是隐性贫困的主要人群。

① 陈琦、王蓓、彭彤：《构建发展型社会福利：英国相对贫困治理的实践和启示》，《江汉大学学报》2021 年第 5 期。

② 邓成明：《中国贫困与反贫困的政治分析》，湖南人民出版社，2001，第 22 页。

3. 经济贫困与文化贫困

经济贫困是最常见的贫困形态。比如，人们的生产生活资料匮乏，不能维持基本生活的需要，或者仅能维持较低的生活水平，这些都可以被视为经济贫困。经济贫困主要体现在人们的衣、食、住、行等物质消费的各个环节。经济贫困反映了人们的收入和消费水平，相对容易测量。在世界各国的反贫困实践中，最受人们关注的仍然是经济贫困。

文化贫困是从美国人类学家刘易斯(Lewis)的“贫困文化”的概念中发展而来的。文化贫困可以理解为人们因身处“贫困文化”的环境中而导致的贫困。具体而言，文化贫困是指某一群体、家庭或个人在知识水平、受教育程度、科学技术素养、思想道德素质、价值观念、心理素质、思维方式、行为趋势上落后于当代经济社会发展，从而影响到自身生存与发展的落后状态。[①] 文化贫困既可以指个体或群体在文化水平上的落后状态，也可以指个体或群体因长期受到贫困文化影响而导致的精神层面的落后状态，如安于现状、缺少信心、缺乏内生动力等。

(二) 以贫困的成因分类

以贫困的成因对贫困进行分类为贫困治理提供了重要启示。穆光宗认为，贫困的成因非常复杂。他将贫困划分为四种类型，即环境约束型贫困、组织约束型贫困、资金约束型贫困和人力约束型贫困。环境约束是指生存环境恶劣和资源短缺是造成贫困的基本原因；组织约束是指不称职的“权力人口”引起的无组织效应或弱组织效应是贫困的重要成因；资金约束是指缺少资金或不能合理利用资金会造成贫困；人力约束是指人口素质相对低下

① 郭晓君：《文化贫困：内涵与界定》，《人民日报》2003 年 3 月 16 日。

和人力资源缺乏会导致贫困。[①] 此外，其他学者还提出了能力缺乏型贫困、制度型贫困等不同类型的贫困。整体来看，以贫困的成因来划分的贫困类型，较有代表性的大致包含以下几种。

1. 资源制约型贫困

资源制约型贫困是指缺少相应的资源所导致的贫困。资源是一个广义的概念，通常包含自然资源、社会资源、文化资源、人力资源等。如贫困山区缺少足够的土地资源导致的贫困，恶劣的生态环境导致的贫困就是资源制约型贫困。吴国宝进一步指出，资源制约型贫困有两个不同层次：一是资源结构不合理导致的贫困。他认为，资源结构不合理导致的贫困是由资金缺乏或交通、通信、能源供给等基础设施严重落后导致的。二是边际土地型贫困，主要是指在多个不同特征地域的交会地带，该区域生态环境较差、生态脆弱，对土地投入的资金较难产生收益，甚至会出现投入大于产出的情况，再加上该区域抗干扰能力也比较薄弱，从而导致贫困。[②] 总体来看，资源制约型贫困既包含资源匮乏导致的贫困，也包含资源结构不合理导致的贫困。我国确定的集中连片特殊困难地区的贫困类型大多属于资源制约型贫困。

2. 能力不足型贫困

在反贫困的实践中，仅仅依靠增加收入和满足基本生活需求，并不足以改变贫困人群的弱势地位。“能力”是制约贫困人群发展的关键因素，也是贫困人群稳定脱贫的重要影响因素。20 世纪 90 年代，基于能力要素的认知

① 穆光宗：《关于贫困之本质、类型及对策的社会人口学分析》，《中国贫困地区》1997 年第 2 期。
② 吴国宝：《对中国扶贫战略的简评》，《中国农村经济》1996 年第 8 期。

被纳入对贫困的解释之中，贫困被视为人类实现某些基本功能的能力不足。能力不足型贫困是指个人或家庭缺少满足基本生存和发展需求的能力所导致的贫困。吴国宝将能力不足导致的贫困进一步划分为无劳动能力和劳动技能缺失两种类型。① 无劳动能力型贫困更多是指生理功能丧失导致的贫困，如身体残疾、精神障碍等导致个体无法通过正常的劳动获取报酬从而陷入贫困。此类贫困人员主要通过社会保障或者社会救济来满足基本生活需求。劳动技能缺失型贫困是指个体缺少相应的专业技能，无法通过劳动获取相应收入或通过劳动仅能获取较少收入，从而陷入贫困境遇。例如，缺少工作技能就无法通过就业获取收入，缺乏农业技能就无法通过种植业、养殖业或相关产业获取更多收入。事实上，能力不足包含丰富的内容，除了生理缺陷和劳动技能缺乏，还表现为贫困个体缺少自我发展的意识和动力，缺少对生活的规划和控制，缺少与社会资源和社会关系的链接等。

3. 制度补充不足型贫困

康晓光认为，由于社会制度，如政治权利分配制度、就业制度、财政转移支付制度、社会服务分配制度、社会保障制度等决定的生活资源在不同区域、不同社区、不同群体和个人之间的不平等分配导致的某些区域、社区、群体和个人处于贫困状态，这种贫困就是制度性贫困。② 制度补充不足型贫困是由社会制度不完善或者不合理造成的，由于制度的保障功能不充分，因而使个人、群体或地区陷入贫困境遇。有些国家和地区的贫困率较高，往往是由基础制度不完善或基本社会结构不合理导致的。

① 吴国宝：《对中国扶贫战略的简评》，《中国农村经济》1996 年第 8 期。
② 康晓光：《中国贫困与反贫困理论》，广西人民出版社，1995，第 8—9 页。

关于贫困的类型，不同学者的看法存在着差异，除了以上几种常见的贫困类型外，还有学者提出了过渡型贫困、持续型贫困、选择型贫困、生产型贫困、社会型贫困、区域型贫困、群体型贫困、个体型贫困等。

三、不同学科的贫困成因解释

学者们从不同角度对贫困进行了界定和分类，至于贫困为什么会产生，不同学科有着不同的看法。不同学科视角对贫困成因进行的解释，丰富了贫困的内涵，深化了人们对贫困的理解。总体来看，较有代表性的贫困成因解释包括经济学、政治学、社会学、人口学等学科视角的解释。

（一）经济学视角的贫困理论

经济学视角的贫困理论主要从经济增长的角度来理解贫困。20 世纪 50 至 60 年代，一些发展经济学家认为，发展中国家的贫困与经济增长乏力的关系密切，而经济增长乏力的重要原因在于资本不足。缺乏资本成为阻碍发展中国家经济发展和摆脱贫困的重要原因。其中有代表性的理论包括以下几种。

1. 贫困恶性循环理论

美国经济学家纳克斯（Nurkse）在 1953 年探讨了发展中国家贫困的原因和解决办法。他认为，发展中国家的贫困是由国家经济结构中存在的若干相互联系、相互影响的“恶性循环”所导致的。而产生贫困循环的根本原因在于资本缺乏和资本形成的不足。① 在供给要素中，由于经济发展落后的

① 黄承伟、刘欣、周晶：《鉴往知来——十八世纪以来国际贫困与反贫困理论评述》，广西人民出版社，2017，第 81 页。

国家存在多方面的劣势，导致人们的收入相对较低，较低的收入大多被用于满足基本的生存需要，人们难以积聚发展的资本。缺少发展资本又导致生产投入的不足，生产规模难以扩大，生产效率难以提升，从而导致产出较低，这一结果最终又导致个体的收入低下。在需求要素中，经济相对落后的国家个体消费水平相对较低，个体的购买力也相对较低，个体消费水平和个体购买力的低下会在商品市场中转化为对于个体消费吸引力的缺失。该吸引力的缺失又会反映到资本的形成中，导致资本难以积累，同样也会影响生产规模的扩大和生产效率的提高，最终又会导致人们收入水平的降低。供给和需求两个要素总是相伴而行的，而这两个要素的不平衡往往使得经济相对落后的国家较难摆脱贫困陷阱。这一理论指出，正是因为发展中国家存在着这些恶性循环，且这些恶性循环又较难被打破，所以发展中国家很难取得经济发展上的突破，贫困的状态也很难得到改变。

2. 低水平均衡陷阱理论

1956 年，美国经济学家纳尔逊（Nelson）通过研究经济发展相对落后的国家的人均资本、人口增长、产出增长与人均收入增长的关系，以及人均收入和人口按不同速率增长的情况下人均资本的增长与资本形成等问题，提出了“低水平均衡陷阱理论”①。低水平均衡陷阱是指人们的实际收入与生活水平之间的低水平均衡状态，其中涉及收入、储蓄和投资、人口增长等多种要素。这种低水平均衡陷阱可以从三个层面来理解：一是人们的收入水平较低，仅能满足维持基本生存，无法进行储蓄和投资，从而限制了经济的发展；二是如果提高国民收入水平，就会促进人口增长，国民收入增长和人

① 王雨林：《中国农村贫困与反贫困问题研究》，浙江大学出版社，2008，第 28 页。

口增长同步以至于人均收入仍处于较低水平，同样无法增加储蓄和投资以促进经济发展；三是如果人均收入增长速度超过人口增长速度，就会刺激出生率提高，人口快速增长又会降低人均收入，因此人均收入与生活水平仍然会保持在较低水平的平衡之中。在纳尔逊看来，破解这种低水平均衡陷阱需要进行大规模的投资，只有当投入和产出的增长超过人口增长时才能摆脱这一陷阱。例如，可以通过促进社会结构的完善、提高劳动人口比例、改进生产技术等方式来摆脱这种低水平均衡陷阱。

3. 循环积累因果理论

瑞典经济学家默达尔（Myrdal）在 1957 年提出了循环积累因果理论。该理论认为，“社会经济发展过程是一种动态的发展过程，且这种动态演变是由技术进步以及社会、经济、政治和文化等因素的演变造成的”①。循环积累因果理论强调社会经济发展过程中各要素的相互影响。在默达尔看来，政治、经济、社会、文化等各要素之间是相互关联的，其中某一个要素的变化都可能导致另一个要素的变化。具体来说就是，任何一个因素的改变都可能会引起另一个因素也有所变化，而后者有可能会进一步固化前者，导致经济发展沿着前者发生变化的方向继续发展，这就造成了循环发展。经济相对落后的国家在生活、工作、健康等方面的水平较低，导致个体的科学文化素养较低。这些个体在就业市场中处于劣势地位，在劳动生产中的效率较低，这会使他们只能获得较少的劳动报酬，最终导致贫困的固化甚至贫困程度的深化。

① 黄承伟、刘欣、周晶：《鉴往知来——十八世纪以来国际贫困与反贫困理论评述》，广西人民出版社，2017，第 81 页。

4. 临界最小努力理论

美国经济学家莱本施泰因(Leibenstein)在1957年提出了临界最小努力理论。他指出,如果一个发展中国家想要成功发展,这个国家必须在发展尝试的早期就付出巨大的努力来增加产出。如果最初或早期的努力没有达到关键的最低限度,那么这个国家很可能会倒退到以前的不发达阶段。① 临界最小努力实际上就是指能够打破这种“准静止均衡”状态的推动力量。例如,通过广泛投资来冲破人均收入提高的制约,从而打破低水平均衡状态。经济落后国家要想摆脱“准静止均衡”的状态,实现经济的可持续增长和人均收入水平的提高,就必须寻求冲破这种低水平均衡的刺激力量。临界最小努力理论强调投资对促进经济发展的重要性。在世界各国的反贫困实践中,增大投资以刺激经济增长从而带动减贫,是一个较为常见的方式。

5. 自然资源缺乏论

自然资源缺乏论也是经济学对贫困成因的一种常见解释。自然资源往往是以不同类型和形式出现的,物质要满足人类的需求才能被称为资源,只有在人类知晓并且掌握了某种技术之后,才能使某种物质变成资源。因此,科学技术的进步会促使更多的物质被定义为资源,并且将资源应用到更加广泛的领域。自然资源缺乏论认为,很多经济发展比较落后的国家往往在自然资源方面比较匮乏,缺少发展经济的先天温床,因此这些国家的经济发展就相对滞后。② 支持自然资源缺乏论的学者认为,自20世纪60年代开

① Alacevich M, “Paul Rosenstein-Rodan and the Birth of Development Economics,” *History of Political Economy* 53, no. 5 (2021): 857-892.

② 叶普万:《贫困经济学研究》,中国社会科学出版社,2004,第28—55页。

始，经济发展落后的国家通过学习西方国家优先发展城市的经验，将巨大的人力物力和资源都投入城市的建设中，但忽略了广大农村地区的发展，从而进一步拉大了城市和农村的差距，结果使得贫富差异日渐增大。

（二）政治学视角的贫困理论

1. 制度建构论

马克思在劳动价值论的基础上，运用阶级分析方法提出了无产阶级贫困化理论。贫困的产生在资本主义制度下是不可避免的。马克思通过分析商品的二重属性，描述了资本主义制度下贫困的发生过程。马克思认为，商品的使用价值体现了物质财富，商品在交换中所表现出来的无差别的人类劳动体现了商品价值。在资本主义制度下，资本家从事生产的目的就是最大限度地榨取工人的剩余价值，然后将榨取的剩余价值转化为资本，用于扩大生产规模，积累更多的财富。在这个过程中，资本家的剥削导致无产阶级越来越贫困。在马克思看来，导致无产阶级贫困的根本原因在于不合理的资本主义制度，要想改变这种贫困状态，需要对旧的制度进行改造，构建出符合无产阶级利益的新制度。

2. 政策不利论

政策不利是致贫的重要原因之一，政策本身、政策失误或不当的政策导向都可能引起不平等进而导致贫困。政策不利至少应该包含两层含义：一是政策可以确定“贫困者”标签，二是政策可能再造贫困。① 也就是说，政策在制定之初可能就是不公正的，政策的执行过程中，一旦出现失误就可能导致贫困。之所以会出现这种情况，是因为贫困者被排除在政策制定者之外，

① 王雨林：《中国农村贫困与反贫困问题研究》，浙江大学出版社，2008，第35页。

贫困者在政治参与中缺乏很好的组织，以及存在有损他们自尊的参与程序等。政策制定者倾向于满足那些在竞选中给予他们金融支持的人的需求，贫困者由于缺少游说和获取相同的特别权限的机会，因而很难让政策制定者制定有效的反贫困政策，政策的实施也面临一定的困难。①

3. 阶级分化论

阶级社会出现后，不同阶级的差异性开始凸显，阶级之间的互斥行为时有发生。一旦作为少数人群体的统治阶级具有了阶级利益属性、阶级互斥行为和特权阶层意识，就必然使社会出现贫富分化。统治阶级基于对其阶级自身利益的维护，在社会生活中本能地排斥被统治阶级，同时抬高本阶级的地位使之转化为特权阶层。统治阶级的剥削一旦超过一定限度，就会使贫富分化加剧，造成贫困现象。② 此外，阶级分化也会导致社会资源的分配不公，部分阶级只能获取较少的社会资源，如果处于统治地位的阶级不能很好地承担消除社会资源分配不公的政治职责，必然会造成更加严重的贫困现象。

（三）社会学视角的贫困理论

1. 贫困文化理论

人类学家刘易斯是第一个对贫困文化进行定义的学者，他对这一概念做了系统的、详细的阐述。贫困文化是个体长期处于贫困中所形成的特有的价值观和行为方式，如没有能力实现自身理想、对权威的怀疑、听天由命等多种表现。贫困文化一旦形成，不仅会对贫困人群自身产生影响，也会

① 田宇、丁建军：《贫困研究的多学科差异、融合与集成创新——兼论综合贫困分析框架再建》，《财经问题研究》2016 年第 12 期。

② 吕琳：《对贫困现象的探究及扶贫的政治学反思》，《兰州学刊》2006 年第 1 期。

影响到贫困人群的后代，从而形成贫困的代际传递，贫困本身则会在此种文化的影响下不断延续。贫困文化对贫困的影响主要表现在以下几个方面：一是长期受贫困文化的影响，个体自身积极发展的动力缺失，容易停留在一种贫困的舒适圈内，难以形成较高的目标和明确的行动动机；二是个体受教育程度较低，发展机会较少，就业困难；三是个体不得不从事低收入的工作，而这也会使得这部分群体在社会中处于弱势地位；四是低收入的工作和较低的社会地位两种因素同时作用会使贫困程度进一步加深。①贫困文化的上述四种影响会使贫困个体陷入一种恶性循环之中，导致贫困个体越发贫困。我们仅仅从物质上帮助贫困群体是不够的，还应该帮助他们从根本上摆脱贫困文化，只有这一群体改变原有的思考方式和价值观，才能跳出贫困陷阱。

2. 贫困功能理论

功能主义学派指出，贫困是普遍的，并且存在即合理，也就是说贫困的存在对社会的发展与平稳运行有一定的功能和作用。20 世纪 70 年代，美国社会学家甘斯(Gans)论述了贫困和贫困者在美国经济、社会和政治等方面的功能，以支持功能主义学派的论点。甘斯认为，贫困与其他社会现象一样能够存在，部分原因在于它对社会或社会的某些部分是有用的。2012 年，甘斯在《贫困的好处》一文中再次指出了贫困者在经济、政治、社会和文化方面的作用。经济方面，贫困者除了为较富裕的人的收入作出非自愿的贡献外，还为他们提供了其他经济利益。如贫困者保证了社会的苦、累工作能以低廉的成本完成；贫困者在美国参与的战争中扮演着重要的角色，

① 王雨林：《中国农村贫困与反贫困问题研究》，浙江大学出版社，2008，第 39 页。

如果战死在战场上，贫困者的数量就会减少，从而使较富裕的纳税人减少对反贫困项目的资助；贫困者的低工资是对富人的间接补贴和福利；由于收入较低，贫困者为医务人员、心理疏导人员和社会工作者、二手商品销售者等群体提供了工作机会。政治方面，由于贫困者在政治上的无力，无权投票或者不愿投票，高收入的利益集团和公民能够获得更大份额的政府预算、更有利的减税政策等；贫困者为富人提供的间接收益也延伸到了地方政府，当政府遇到预算问题时，服务于贫困者的项目几乎总是首先被削减，贫困者如果没有达到较高阶层的行为标准，就会被贴上不值得获得公共援助的标签，就会被宣布没有资格获得公共援助。社会层面，贫困者可以帮助维持现有的等级制度等社会秩序，低收入人群可以帮助其他人实现向上流动。文化层面，贫困者为社会提供了大量的娱乐、体育和艺术活动，从而使富裕的人得到消遣和审美上的满足。① 许多学者批评贫困功能理论，认为这一理论的出发点是维护处于社会优势地位群体的利益。然而，甘斯的贫困功能理论并非真正强调贫困的好处，他认为贫困带来的障碍比功能更多，需要找到能够代替贫困发挥其作用的事物以消除贫困现象。

3. 贫困结构理论

结构和文化是对贫困解释的两种最主要的取向。贫困结构理论主要从社会制度和社会结构中探求贫困的根源，认为贫困是由社会结构的不合理造成的，这种不合理的结构是早前社会不完善的社会制度的产物。要想解决贫困问题，就要在不合理的结构上下功夫，促进结构和制度的改革、完

① Gans H J, "The Benefits of Poverty," *Challenge* 55, no. 1 (2012): 114 - 125.

善和创新。在贫困结构理论中，不平等是一个重要的解释因素。例如，生产资料占有的不平等进一步导致了阶级剥削和压迫，进而造成贫困；政策的不平等不仅为贫困者贴上了标签，还可能再造贫困；分配上的不平等也是贫困产生的重要根源之一，部分群体拥有较少的资源和权力导致他们在分配中处于劣势地位，从而陷入贫困状态中；“权力结构的不平等、不合理，迫使社会部分成员‘失能’而陷于贫困或长期陷于贫困，其结果往往是进一步加剧了社会对他们的排斥和偏见，加剧了社会矛盾”①。总的来看，阶层结构、分配结构、权力结构、城乡结构等的不合理与不平等都可能造成贫困。

（四）人口学视角的贫困理论

1. 马尔萨斯陷阱

1978 年，马尔萨斯（Malthus）在《人口原理》中描述了人口数量的持续增长对经济和社会所造成的影响。他认为，人口数量的增长将会通过几何级数表现出来，但是人类生存所需的基本资源则是通过算术级数表现出来的。当人口增长过快时，会使基本资源的使用超过正常水平，导致劳动越来越不值钱，人口对粮食的需求也难以满足，而这最终会导致越来越多的人陷入贫困境遇。马尔萨斯认为，为使人口增长与生活资料的增长之间保持基本平衡，需要依靠“苦难”和“罪恶”等可以抑制人口增长的力量。马尔萨斯的理论为贫困的形成带来了新的解释，但是它过多地强调人口过快增长带来的负面影响，忽略了科学技术的发展对于食物供应和资源供应方面的补充，并且在提出减少人口数量的措施时，它也更多的是强调消极的干预措施，并没

---

① 周怡：《贫困研究：结构解释与文化解释的对垒》，《社会学研究》2002 年第 3 期。

有对积极的社会应对措施给予肯定。

2. 人口素质论

早期学界对致贫原因的解释较为强调贫困者的个人因素，部分研究者认为，贫困与个体的生理、心理、能力等因素有关，如贫困者懒惰、生活态度消极等。查默斯(Chalmers)曾认为，贫困的主要原因是道德上的失败。在对致贫因素的个体化解释中，人口素质论是其中较有代表性的观点。这一理论强调个人素质的重要性，指出致贫的关键性因素是个体的素质的欠缺。王晓强和白南风在《富饶的贫困》一书中指出，“落后的本质规定是人的素质差”，“不是资源的匮乏，不是产值的高低，也不是发展速度的快慢，人的素质差，才是所谓‘落后’概念的本质规定”。[①] 这里的素质主要是指与商品经济有关的素质，如缺少创业的动力，不愿接受新的生产生活方式等。人口素质论在解释贫困时有一定的说服力，但是也存在明显的缺陷：一是存在对贫困人群道德的污名化的嫌疑，给贫困人群贴上懒惰、态度消极、不思进取、安于现状等负面标签；二是忽视了造成贫困的社会结构和情境因素等，将贫困的成因简单化。

第二节　不同视野的反贫困理论

在人类历史的发展进程中，涌现出了许多不同的反贫困理论，对世界范围内的反贫困实践产生了重要的影响。这些反贫困理论聚焦于经济增长、结构转型、社会福利、权利维护、能力构建等方面，既关注个体层面和群体层

---

① 王晓强、白南风：《富饶的贫困》，四川人民出版社，1986，第 40 页、56 页。

面的贫困，也关注区域层面和国家层面的贫困。

一、关注经济增长的反贫困理论

（一）平衡增长与非平衡增长

1. 平衡增长

发展经济学家保罗·罗森斯坦-罗丹(Paul Rosenstein-Rodan)是第一个充分阐释平衡增长理论的学者。1943年，他发表了《东欧和东南欧工业化问题》一文，该文成为平衡增长理论的开山之作。纳克斯在1952年使用了"平衡增长"一词。他认为，国内市场的限制是低收入国家经济增长的主要障碍，特别是在那些无法显著扩大国际市场出口的国家表现得更为明显，但是平衡增长与全面提高生产力可以克服这一障碍。罗森斯坦-罗丹强调，有必要同时扩大许多不同的工业部门，并且制定一个协调的投资计划，以推动发展中国家的经济增长。纳克斯也认为，低收入导致的需求缺乏会抑制单个工厂或行业的投资动机，如果在不同行业进行广泛的投资，就可以消除这种动机不足造成的困难——因为各种投资和经济活动是相互依赖的。① 平衡增长理论认为，虽然扩大一个（或一小部分）部门可能不会获得盈利，但同时扩大所有（或大量）部门可能会通过内生市场使那些原本不能获得盈利的部门获利。根据这一理论，一个国家的增长能力取决于它是否有能力调动大量资源，同时在所有（或大量）互补产业中进行大规模投资以"启

① Alacevich M, "Paul Rosenstein-Rodan and the Birth of Development Economics," *History of Political Economy* 53, no. 5 (2021): 857－892.

动”经济。[1] 平衡增长理论存在一定的局限性，实行平衡增长战略是以充足的资源和资本为前提的，对于经济相对落后的发展中国家而言，很难通过这种大规模的投资来实现平衡增长。

2. 非平衡增长

平衡增长理论出现后也受到了其他学者的怀疑，主要原因在于经济相对落后的发展中国家不具备平衡增长的前提条件。赫希曼(Hirschman)以平衡增长理论的缺陷为鉴，提出了非平衡增长理论。他认为，平衡增长理论缺乏实操性，根本不适用于发展中国家，因为发展中国家缺乏平衡增长的资金和资源，所以它们不可能实施平衡增长战略。非平衡增长理论指出，在发展中国家应该实施非平衡增长战略，即各国将有限的资源分配到几个具有强大向后和向前联系的战略部门。向后联系是指一个部门对其他经济部门的投入产生需求的能力，而向前联系是指为其他经济部门投入和生成供应的能力。与其他经济部门联系更紧密的部门应优先发展，它们的增长将有效促进其他经济部门以需求和供应为导向的增长。[2] 总的来看，非平衡增长理论强调一个国家的经济增长取决于其刺激少数关键战略部门增长的能力，而这些特定部门的快速增长将使得整个经济以更快的速度增长。非平衡增长对于相对落后的发展中国家而言更具有实操性，它们可以聚集有限的资源和资本以获得有效的产出。

---

①② Jiang X, Caraballo C J and Nguyen C, "Balanced versus unbalanced growth: Revisiting the forgotten debate with new empirics," *Review of Development Economics* 24, no. 4 (2020): 1430 - 1446.

（二）经济起飞理论

美国经济学家罗斯托（Rostow）从发展中国家经济发展的阶段和问题出发，提出了经济起飞理论。他认为，经过六个阶段的准备才能使一个国家的经济发生实质性的改变，它们分别是传统阶段、准备阶段、“起飞”阶段、成熟阶段、高额群众消费阶段和追求生活质量阶段。经济起飞是人类社会的第一次突变，它要求在较短的时间内实现工业化、生产方式的变革和产业革命。追求生活质量阶段则是人类社会发展的第二次突变，它能以劳务形式反映生活质量的变化和社会的成就，解决经济高度发达后人类所面临的精神危机、情感颓废等精神问题，克服环境污染、交通堵塞、种族歧视等社会问题，使人们不仅在物质财富上得到满足，而且在精神上也能有新的价值标准和追求，有利于实现人生理想和自我价值。在罗斯托看来，经济起飞需要三个条件的加持：一是资本积累率和生产性投资率在国民收入中的比重占到10%以上；二是要建立能带动经济增长的主导部门；三是要进行社会、政治和经济制度的变革。① 因此，政府应该完善能够促进生产部门发展和经济增长的各项制度，并且采取措施来促进经济的发展。

（三）增长极理论

法国经济学家佩鲁（Perroux）在1955年提出了增长极的概念。20世纪60年代中期，增长极战略已成为各国广泛关注的理论，并被视为发展中国家的重要战略。佩鲁认为，一个国家要实现平衡发展在现实中是不可能的，增长不会在所有地方同时出现，它只可能出现在不同的生长点或极点，通过各种渠道传播，进而对整个经济产生不同的影响。增长极理论强调以一个推

---

① 黄景贵：《罗斯托经济起飞理论述评》，《石油大学学报（社会科学版）》2000年第2期。

进性的工业为主导，将其作为发展的引擎来刺激和支配其他工业发展。增长极可能存在于抽象的经济空间中，也可能存在于真实的地理空间中。地理空间的增长极战略涉及在特定时期、特定极点鼓励一个地区的就业和人口增长；对指定为计划极点的地区或中心的数量进行一定的限制；需要在空间上区分或在不同的地点之间进行选择；调整区域内就业和人口空间的结构等。增长极战略有几个重要因素：把不同类型的基础设施集中在某一区域，使该区域更具吸引力，从而刺激投资；促进经济活动的集中，以提高单位成本并降低区域竞争；处理区域内未被指定为增长极的地区和增长极的关系等。[①] 这一理论强调，随着经济的发展，在一些经济发达地区和大城市中，那些主导的产业部门和龙头企业，在建立了聚集性的活动中心之后，可以带动和促进周边地区经济的发展。虽然增长极战略在某些方面取得了一定程度的成功，但是始终如一地贯彻该战略并取得成果的例子并不多见。

二、关注结构转型的反贫困理论

（一）刘易斯二元经济模型

经济学家刘易斯在1954年提出了二元经济模型。他认为，发展中国家的经济是一种“二元经济”结构，分为现代工业和传统农业两个部门。现代工业部门使用资本和劳动力，将它们投入现代生产，它的发展受到资本数量的限制。传统农业部门的主体是贫穷的农民，他们对资本的贡献微乎

① Parr J B, “Growth-pole Strategies in Regional Economic Planning: A Retrospective View. Part 1. Origins and Advocacy,” *Urban Studies* 36, no. 7 (1999): 1195–1215.

其微，甚至为零。在传统农业部门中，劳动是一种自我雇用的方式，个人和其他家庭成员的就业动机，本质上都是消费。在现代工业部门中，就业的动机是产生利润，利润是投资的来源，加大投资就可以在未来创造更多的就业机会。由于传统农业部门存在着大量的边际生产率接近于零的“过剩劳动力”，而现代工业部门的实际工资超出了传统农业部门可获得的收入，因而促进了传统农业部门的劳动力向城市现代工业部门的流通。如果农民在城市里期望获得更高的工资，他们就会不断地从传统部门向工业部门转移。① 这种劳动力的转移将逐步推动工业化，从而实现国民经济的不断发展。

（二）钱纳里发展模型

经济学家钱纳里（Chenery）探讨了发展中国家经济结构与经济发展的关系。他认为，第二次世界大战后，发展中国家的经济结构发生了重大变化。他将这种结构变化划分为三个阶段：第一阶段，占统治地位的是农业初级产品的生产活动，这一阶段经济增长速度较慢；第二阶段的特征是经济重心由初级产品生产向制造业转移，这一阶段对资本积累的贡献较高；第三阶段的表现是制成品的收入弹性开始减少，在国内总需求中所占份额也开始下降，而且要素投入的综合贡献减少。②钱纳里认为，要实现持续的经济增长，就必须转变生产结构，使其与国内需求的变化和国际贸易的机会相适应。这种转变通常涉及工业份额的大幅上升，外汇来源从依赖初级产品出口转向依赖制成品出口。成功扩大制成品出口对这一进程至关重要，反之，

① Temin P, “The American Dual Economy,” *International Journal of Political Economy* 45, no. 2 (2016): 85－123.

② 李恒全：《H. 钱纳里等：〈工业化和经济增长的比较研究〉》，《学海》2003 年第 4 期。

继续强调进口将最终导致增长放缓。发展中国家的经济结构转型的特点是，制造业在国内生产总值中的份额不断增加，并接近于初级产品生产的份额，而且大量制成品开始出口。发展到这一阶段的国家就可以被称为“半工业化”或“新工业化”国家。① 对于发展中国家来说，实现经济结构转型，扩大出口，尤其是工业制成品的出口对经济增长具有重要意义。此外，资源要素的合理配置和全要素生产率的增长也有助于提升发展中国家的经济总量。

三、关注社会福利政策的反贫困理论

（一）资产建设

资产建设理论是由美国学者谢若登（Sherraden）在《资产与贫困者》一书中提出的。他指出，贫困者之所以难以摆脱贫困的恶性循环，是因为其难以对资产进行积累。因此，有关部门在贫困治理过程中应当通过为贫困群体提供一些能够促进资金积累的方式使其能够积累起资产。② 资产建设与以往直接给予资金来提高贫困者的收入和消费水平的措施有所不同，它强调政府应帮助陷入贫困的人群积累资本，如进行储蓄和较好的投资。尽管收入与消费非常重要，但它们并不是摆脱贫困的关键，通过资产积累与投资来实现摆脱贫困的目标才是重点。较好的投资和储蓄也能够使一个家庭在摆

① Chenery H B, “Interactions Between Industrialization and Exports,” *American Economic Review* 70, no. 2 (1980): 281 - 287.

② 陈琦、王蓓、彭彤：《构建发展型社会福利：英国相对贫困治理的实践和启示》，《江汉大学学报（社会科学版）》2021 年第 5 期。

脱贫困的同时拥有更高的生活水平。① 资产建设不仅在改善贫困者的收入和提高其生活水平方面具有积极的意义，还能产生其他的福利效应，如拥有一定资产的贫困者更容易消除其无力感，增强其改变生活现状的动力和自我效能感等。资产的积累可以促使贫困者在心理和行为等多个方面都有所改变。

（二）社会投资

社会投资理论是在21世纪之初由埃斯平-安德森（Esping-Andersen）团队在一份关于欧洲新福利体系的报告中提到的。他们认为，社会投资不只包括经济方面的支出，在福利方面所做的投入也应当视作社会投资。社会投资理论认为，各项社会政策和经济发展并不是对立的，有关部门应该对就业市场进行良好的培育，特别要关注对人力资本的投入，尤其是在教育和培训方面。从生命历程视角出发，政府应把政策定位于帮助个体实现生命历程各个阶段的顺利转接。② 这种积极的社会投资，可以促使贫困者和贫困群体自立自强，促使他们通过自身努力来摆脱贫困的境遇，从而以一种积极的方式达到社会福利的提升。社会投资理论在政府投资和社会政策制定层面上关注贫困问题，并且将投资视作提升社会福利的一种实施手段。该理论认为，传统的福利只可缓解福利受益者短期的困境，社会投资则从根本上给贫困者提供了更好的发展机会。

（三）人力资本投资

早在第一次工业革命之后，一些强调人力资本投资的理念和措施就受

① 王思斌：《社会工作概论》，高等教育出版社，2014，第328页。
② 王桑成、刘宝臣：《构建更加积极的教育救助：社会投资理论的启示》，《社会保障研究》2019年第1期。

到学者们的关注。而人力资本投资的研究者中,较有代表性的学者是美国经济学家舒尔茨(Schults)。他指出,经济发展的根源,并不只是在资源、政府所占有的资本和社会的劳动力方面,还应当从人力资本的特殊角度进行思考和看待。人力资本是劳动者自身所拥有的知识、技能和能力,应被视作发展经济的关键。要想获得充足的人力资本,就需要有大量的资源和资本的投入来促进人力资本的增长。舒尔茨探索了人力资本投资的具体内容和领域。他认为,有关部门应该在卫生保健、职业教育培训、正规的学校教育、技能培训、社会流动等方面来满足工作的需要。① 人力资本投资对社会稳定和经济发展等方面都会产生长期的影响,且会在较长时期内为经济发展作出贡献。

四、关注权利与能力的反贫困理论

(一) 权利反贫困论

汤森是最早提出相对剥夺概念的学者。相对剥夺是指个人处于一种相对于其他个体、家庭或群体所属的当地社区或更广泛的社会或国家的可观察和可证明的劣势状态。汤森认为,如果个人、家庭和群体缺乏资源,无法获得各种类型的饮食,无法参加社会公认的活动,缺少生活的便利条件和设施,不被所处的社会广泛认可等,就可以说他们处于贫困之中。贫困者所掌握的资源严重低于一般个体或家庭所掌握的资源,因此他们实际上被排除在一般的生活模式、习俗和活动之外。② 相对剥夺所产生的贫困与社会排斥

① 段钢:《人力资本理论研究综述》,《中国人才》2003 年第 5 期。
② Duclos J and Grégoire P, “Absolute and Relative Deprivation and the Measurement of Poverty,” *Review of Income and Wealth* 48, no. 4 (2002): 471 - 492.

紧密联系，而且关系到公民的社会权利。当个体、家庭或群体被剥夺获取食物、获取住房、看病、接受教育等的权利时，他们就处于贫困状态。而这些被剥夺的权利可能是其他阶级理所应当享有的基础权利。社会政策研究者认为，反贫困不仅需要国家和政治，更需要权利，即贫困者有获取相关收入和福利的权利以及问责政府的权利。① 关注权利的研究者要求政府在反贫困过程中，通过消除排斥或歧视，最大限度地保障贫困者在基本生存和发展方面的权利，避免贫困者被边缘化。

（二）能力建设论

20 世纪 90 年代以来，国际社会对贫困问题重新定向，贫困的内涵得到进一步丰富，一些与贫困人群“能力”相关的因素逐渐被引入对贫困的解释中。特别是以阿马蒂亚·森的能力贫困理论为代表，人们对贫困的认识实现了从单维到多维的转变，反贫困向“能力重建”目标的转向也渐趋明显。联合国开发计划署（UNDP）在 1996 年的《人类发展报告》中进一步引入了衡量贫困的新的指标，即能力贫困指标。这里的能力贫困指标包括基本生存的能力（获取必要的营养与健康）、健康生育的能力、接受教育与获得知识的能力。② 森进一步深化并拓展了能力贫困理论，提出了“可行能力”的概念。他认为，可行能力是指个体有可能实现的各种可能的功能性活动的组合，功能性活动的组合实质上就是个人认为有价值的事物或值得做的事情。③ 基

---

① 邓大才：《关于国外反贫困政治学研究的研究》，《学习与探索》2021 年第 1 期。

② 刘爽：《试论消除能力贫困与西部大开发》，《中国人口科学》2001 年第 5 期。

③ Schischka J, Dalziel P and Saunders C, “Applying Sen’s Capability Approach to Poverty Alleviation Programs: Two Case Studies,” *Journal of Human Development* 9, no. 2 (2008): 229 - 246.

于对能力贫困的理解，学者们认为消除贫困必须通过重建个人能力来实现，减贫必须聚焦于贫困人群所能达到的实质自由，而不仅仅是提供满足基本需求的食物或者商品，关键是要增强贫困人群那些“有理由珍视的生活”的能力。

第三节　反贫困的主要实践模式

贫困问题是全球发展面临的核心问题，无论是在发达国家还是在发展中国家，反贫困一直以来都是世界各国重要的行动主题。进入21世纪以来，世界各个国家和地区的反贫困力度不断加大，各种不同的反贫困实践有力地推动了全球贫困人口逐年减少。

一、经济增长战略模式

从贫困的分布来看，绝对贫困主要发生在发展中国家，尤其是撒哈拉以南的非洲的一些发展中国家，全球约半数极端贫困人群生活在这里，贫困在这些国家的发生率非常高。大部分发展中国家存在产业结构不合理、工业化水平低、就业岗位较少、资本积累不足、收入分配不平等问题，正是这些复杂的经济因素共同造成了贫困的高发。最早的反贫困策略来自经济学家，关于如何减少贫困的经济思想主要集中在如何促进经济增长上。通过促进经济增长来实现减贫目标是发展中国家反贫困的主要实践模式，提高经济增长率是发展中国家摆脱贫困的一项长期战略。相对于发达国家而言，发展中国家的经济增长对实现减贫目标具有更重要的意义。首先，经济增长能够带动贫困人群增收。经济发展，尤其是产业结构的调整和完善，可以为贫困者提供更多的就业机会，劳动密集型产业可以实现大规模就业，有助于贫困者增加收入。其次，经济发展能够增加资本积累，进一步促进投资，这样就可能冲破低水平均衡状态，形成经济发展的良性循环。最后，经济增长能够提高贫困人群的社会保障水平，经济增长之后国家就有足够的财力投入教育、医疗、救助等领域，可以直接改善贫困人群的生计状况。以印度为例，印度作为世界第二人口大国，从 20 世纪 50 年代开始，印度政府一直强调经济增长是解决贫困问题的主要手段。印度独立后，尼赫鲁政府的第一个五年计划就是以发展农业生产和土地改革为核心，废除了被英国统治期间形成的“柴明达尔”土地制度，改变了许多佃农没有土地、缺乏经济来源的生存状况，从而改变了其贫困面貌。特别是在第五个五年计划实施阶段，印度政府提出了“稳定经济、消灭贫困”的反贫困战略。此外，印度政府在 20 世纪 60 年代实施的“绿色革命”计划为经济发展也作出了重要贡献。“绿色革命”不仅提高了印度农产品种植技术，也提高了粮食产量，缓解了粮食紧张的状况。此后，在 20 世纪 90 年代，印度政府进一步实施了经济改革的措施，通过调整所有制结构、进行公营企业改革等措施进一步促进了经济发展。从发展中国家的实践来看，经济增长战略模式对于改善国家的整体性贫困成效显著，然而与之相伴的一些负面影响也不容忽视。如果缺少公平的分配制度和保障机制，就会加大贫富差距，加深贫困程度。

二、发展极战略模式

发展极战略强调要通过建立“发展极”带动欠发达地区整个区域的经济

发展。不少国家依据这一理论制定经济发展规划、安排投资布局。20世纪70年代以后，发展极理论曾一度成为发展中国家和欠发达地区经济发展与规划的重要依据。在发达国家中，法国利用发展极理论解决了巴黎地区由于过度膨胀造成的内部经济问题，通过刺激8大省会中心城市的发展来分散大城市过度膨胀的问题。[①] 拉丁美洲是实施发展极战略最集中的地域，例如，巴西曾经实施该战略来推动地区经济发展，并取得了明显效果。巴西政府于1967年在以热带雨林为主的玛瑙斯地区构建了一个发展极，将玛瑙斯地区划为自由贸易区，即对于该地区内的以消费、加工为目的消费品和用于农、牧、渔产业发展所需的基础物资以及以出口为目的的物资，免除其进出口关税。同时，财政刺激政策为在自由贸易区投资的私人企业提供一定的资金支持。对于企业在该地区所产生的利润税、商品流通税，进口工业机器设备、零配件和材料税均进行免除。这些政策成功吸引了大批巴西国内外企业在玛瑙斯选址建厂，推动了玛瑙斯地区的经济发展，进而推动该地区成为巴西重要的生活消费品生产、半成品加工和农业畜牧业集中地区。1970年前后，巴西政府为解决农村的贫困问题，规划了新的发展极。为使规划区域形成新的发展极，巴西政府对贫困区域进行大规模资本投入，并通过辐射效应带动周边落后地区的发展，以此推动贫困地区共享经济发展的成果。“发展极”的反贫困战略促进了经济的增长，给贫困人群提供了就业机会、带来了发展机遇，也减少了贫困人口的数量。20世纪80年代之后，巴西经济发展增速下滑，但政府仍推行之前的“积累优先”的收入分配政策，

① 李勇辉、李辉文：《论发展极战略及其在我国区域投资布局的应用》，《湘潭大学社会科学学报》2002年第1期。

导致社会财富迅速积聚到少数富人手里，社会贫富差距加大，阻碍了社会经济发展，也影响了社会稳定。

三、小额信贷模式

小额信贷是发展中国家用来消除贫困和减少收入不平等的一个常见战略。经济学家尤努斯(Yunus)在1976年创立了小额信贷服务，将其作为一种为贫困者提供广泛金融服务(如存款、贷款、支付服务、保险和汇款等)的手段。小额信贷主要向低收入客户，尤其是有创业需求但是无法获得其他信贷资源的低收入个人提供贷款。小额信贷相对于银行贷款而言，具有利率低、客户门槛低、还款条件灵活等特征。20世纪70年代，小额信贷在亚洲和拉丁美洲一些贫困发生率较高的发展中国家试行。此后，不同国家结合自身的特点不断丰富和发展了小额信贷模式。小额信贷通常不需要担保，具有较低的利率，或者由政府贴息，有贷款意愿的贫困者可以申请，但是贷款只能用于发展生产。孟加拉国的小额信贷模式在全球范围内有较深远的影响。1983年2月，孟加拉国国会通过了《1983年特别格莱珉银行法令》，格莱珉银行作为一个独立的银行被孟加拉国政府承认。截至2017年，该机构拥有约2 600家分支机构和900万个借款人，它的成功激发了全球64个国家的类似项目。此外，1990年孟加拉国设立了农村就业支持基金会(PKSF)，其主要目的是对来自国内外的捐助资金和政府财政拨款进行集中管理，并且通过团体贷款系统和每周分期付款的方式进行借贷，这在一定程度上促进了小额信贷服务的发展。该基金会为公益性股份制公司，注册资金由国内捐赠资金、美国福特基金会和国际组织的金融贷款组成。截至

2003年，PKSF拥有189家合作机构，为孟加拉国210余万个贫困农民提供了约1.65亿美元的小额信贷服务。团体贷款是格莱珉银行小额信贷的基石，该贷款的运作模式为：由等级、地位相似的贫困者组成小组，还款责任完全由单个借款人承担，不存在正式的连带责任，即小组成员没有义务代替违约成员还款，但小组成员间需相互监督。对于按期还款的农户，可实施连续放款政策。① 小额信贷模式解决了许多贫困个人发展资金不足的问题，对于推动反贫困发挥了重要作用。

四、人力资本投资模式

人是经济发展和社会进步的关键。对初等教育的投资和对技术工人的培训是反贫困的重要内容。韩国较好地实行了人力资本投资战略。20世纪60年代，韩国政府在把工业发展的战略目标从进口型转向出口型的同时，还把教育体系建设视为国家优先考虑的事项，逐年增加教育经费财政拨款，教育投入年均增长率超过GDP增长率，用于人力资源的财政拨款仅次于国防军备建设拨款。在经济发展中，韩国将人力资本视为重要的创新要素，通过立法推动初等教育的普及，同时实行在职培训制度，对劳动力重新进行教育和培训，以满足企业发展的需要。为实现产业结构向技术密集型产业的转变，韩国制定了“教育兴国，科技兴邦”的发展战略，通过建立生产、教育、研究三合一的教育基地，实施《产业振兴计划》《21世纪脑力韩国计划》《地方创新人才培养计划》等计划，鼓励技能人才的成长，推动高新技术产业发展。

① Osmani S R, “Credit for Alleviation of Rural Poverty,” *Journal of Development Studies* 26, no.1 (1989): 178.

韩国通过增大对人力资本的投入，促进了教育的发展，有效促进了国民整体素质特别是农村人口素质的提升。缅甸的反贫困战略也非常强调人力资本的投入，主要通过教育实现人力资本的增长。从1998年开始，缅甸政府分步骤开展了教育普及计划，以保证基础教育的渠道和质量。此外，缅甸还提出《超龄儿童特殊计划》《全国成人识字计划》等计划。为了提升教育的公平性，缅甸政府推进了边区和少数民族的教育发展，并倡导性别平等教育，不论男女都能获得受教育的权利，尤其是对女童开放质量上乘的基础教育，保证了机会均等。[①] 欧洲的发达国家也注重通过人力资本投资来消除贫困和促进社会发展，其中发展教育是最常见的手段。例如，英国通过完善国民教育制度和推进教育现代化等方式，保障贫困儿童和低收入人群的受教育权利。我国在反贫困的实践中也尤其注重人力资本投资，对义务教育阶段的学生实行控辍保学的各项措施，对职业教育阶段的学生实施雨露计划，对贫困农民进行各类就业创业技能培训等，这些措施都有效提高了贫困者的素质，积累了人力资本。

五、社会保障模式

无论是在发达国家，还是在发展中国家，社会保障都是消除贫困的重要手段。不同国家的社会保障具有不同的政治、经济、社会功能，但是基本上都与减轻和预防贫困有关：一是通过社会援助和转移支付等方式帮助那些有严重经济困难的人或家庭，以此来提高其收入水平；二是通过社会保险的方式，保障因各种意外事件中断或终止获得收入的个人或家庭的基本生计；

① 左常升：《世界各国减贫概要(第一辑)》，社会科学文献出版社，2013，第58—59页。

三是通过利用社会保障资源来调动经济和人力资本，可以提高低收入者的生产力。①

英国是运用社会保障反贫困的典型。早在伊丽莎白一世时期(1558—1603)的《济贫法》就提出了允许使用公共收入来减轻贫困。工业革命之后，英国政府的济贫方式由惩戒为主转变为救助为主，精神激励与物质救助并重。随着反贫困实践的发展，英国政府的救济责任和救济能力日益强化与完善。此外，英国政府还设立了专门的救济机构进行管理，将各级政府统筹协调起来，建立可持续发展生计框架，完善贫困指标体系，准确识别多维贫困，并设立了阶段性目标来推动减贫。1942 年，英国的《贝弗里奇报告》出台，该报告强调了政府消除贫困的理想，提出了政府要加大社会福利投入力度。此后，英国又制定了《国民保险法》《家庭津贴法》《家庭救助法》等一系列社会保障法律，为低收入人群和特定的贫困人群提供了基本生活保障。1935 年美国政府颁布的《社会保障法》强调了社会保障在预防贫困方面的重要作用。美国的社会保障对象分为两个层次，一是针对全民的社会福利，二是针对低收入者的福利救济。后者与减轻和预防贫困有着直接联系，其中包括对低收入者的生活实物补助、生活现金补助、健康医疗救助、退税等。②

在德国，政府主要通过社会保险来预防贫困风险。19 世纪 70 年代以来，德国由于年龄增长、疾病、工伤、失业等事件导致的个人和家庭风险逐渐转化为社会性的群体风险，引发了严重的社会问题。为了维护社会稳定，解决社会问题，德国政府开始颁布并实施社会保险法规。从 1883 年开始，《疾

① Midgley J, "Social Security and Third World Poverty: The Challenge to Policymakers," *Review of Policy Research* 12, no. 1 - 2 (1993): 133 - 143.

② 向德平、黄承伟：《减贫与发展》，社会科学文献出版社，2016，第 135 页。

病保险法》《工伤事故赔偿法》《老年保险法》和《残疾保险法》等法规相继出台，这意味着德国的反贫困政策由单纯依赖社会救济向预防性的社会保险制度转变。在第二次世界大战后的几十年里，许多发展中国家也相继建立了社会保障制度，并明确了社会保障在减轻贫困方面的作用。在20世纪50年代和60年代，社会保险项目在发展中国家被广泛使用，它们被视为消除贫困的有效方法。

对一些发达国家来说，社会保障在减轻和预防贫困方面发挥了重要的作用，但是在一些发展中国家，社会保障对反贫困的影响并没有充分体现。一些发展中国家将社会保障目标与更广泛的发展目标相对应，由于没有制定针对贫困者的特定保障政策，一些社会保障项目并没有真正惠及贫困者；还有一些社会保障项目管理不善、运行效率低下，从而削弱了社会保障在消除贫困方面的作用。

第二章　赋权理论及其应用领域

第一节　赋权理论的内涵

一、赋权理论的形成

赋权的理念由来已久，最早可以追溯到18世纪英国的睦邻友好互助组织。赋权一词的英文释义可参阅1849年出版的《牛津大词典》，书中将赋权界定为通过某种行为使得个体获取一种或多种权力和能力，或者可以说使得个体处于一种拥有多种权力和能力的境遇中。

赋权理论的形成有不同的实践来源。亚当斯（Adams）认为，赋权的主要来源有：20世纪60年代美国黑人民权运动和公众抗议活动中引入的社会行动主义；有关个人参与非正式教育、社区行动和管理的观点；与儿童和其父母的权利相关的一些想法和实践；自助和互助的传统；20世纪60年代以来各种激进的社会行动；精神病学家推动的赋权治疗运动；志愿团体和组织的行动；消费者保护运动等①。

① Adams R, *Empowerment*, *Participation and Social Work* (New York: Palgrave Macmillan, 2008), pp. 6 - 8.

20世纪70年代，赋权受到学者们的关注和重视。1986年，在首届全球健康促进大会上通过的《渥太华宪章》提出，个人、组织机构和政府需要通过合作来提升卫生健康的水平，倡议导向、协调运作和赋予权力是提升健康水平的三个基本对策。这次会议促进了赋权理论的深入应用，同时也促进了该理论的发展。从20世纪90年代至今，赋权的概念被运用在各种学科和领域，如社区心理学、管理学、政治学、社会工作、教育学、妇女研究和社会学等当中。特别是在社会工作领域内，赋权经常被视为社会工作的一个基本组成部分，因此成为社会工作实践的重要取向之一。同一时期，有关赋权的社会问题的研究成果大量涌现。在这一学术热潮中，拉帕波特(Rappaport)将赋权与社区建设联系起来，康格(Conger)等成为在企业中运用赋权理论的代表，他们主张将赋权与提升企业职员参与的积极性相结合。经过多年的研究，学者们对赋权理论的讨论不断深入，演化出不同形态的赋权。

早期的赋权形式基本上源于反性别歧视、反种族主义和以争取权利为基础的反压迫运动等，而其历史根源部分在于自助传统。亚当斯认为，自助的赋权要素主要包括以下五个方面：一是倡导和自我倡导。倡导可以采取不同的形式，如自我倡导、付费或专业的倡导以及无偿或业余的倡导，这些都可以被视为赋权的形式。自我倡导是一个人代表自己的过程，可以在不依赖专业人员的情况下获得，是维护个人权利的手段。在社会工作方面，自我倡导最显著的成就是让那些被边缘化或受到歧视的群体，如残疾人、老年人或精神疾病患者等，成功地维护了自己的地位，改变了自己的处境。二是自我管理。大多数自助团体和组织，都认为参与者有管理自己的潜力。三是反官僚主义。自助团体和组织经常声称需要开创一种不同于其他组织的组织方式来组织自己，以免使组织官僚化。四是合作。将自助活动与自私的个人主义区分开来，坚持团体和组织内的民主、地位平等和权力平等的信念，在决策过程中共同领导、相互合作。五是共同的经验。自助过程不仅要具有专业属性，而且应该能够被任何参与者发起和参与。①

社会工作中的赋权理论起源于 20 世纪 60 至 70 年代美国学者所罗门(Solomon)的著作《黑人的增强权能：被压迫社区里的社会工作》。在这本著作中，赋权的概念首次被提出，后来赋权理论在社会工作界被广泛运用，成为社会工作中的重要理论取向和实践方法。

二、对赋权的不同解释

赋权(empowerment)、权力(power)、无权(powerless)三者密不可分，研究其中任一概念，都需要同时了解另外两个概念并了解三者之间的内在联系。

(一) 权力

关于权力的定义，学者们有不同的看法。平德修斯(Pinderhughes)认为，权力是个体在影响其切身利益驱动的基础上进一步影响的能力。② 古铁雷兹(Gutiérrez)等运用赋权的视角提出，权力的来源非常广泛，是无限的，因为它可以在个体间的社会互动过程中生成。权力应包括获取一个人所需要

① Adams R, *Empowerment*, *Participation and Social Work* (New York: Palgrave Macmillan, 2008), pp. 13 - 15.

② Pinderhughes E B, "Empowerment for our clients and for ourselves," *Social Casework* 64, no. 6 (1983): 331 - 338.

的能力，影响他人的思考、感受、行为或信仰的能力，还包括影响社会系统内部资源划分的能力。[①] 福柯（Foucault）对权力的理解则不同，他所认可的权力实际上是一种权力关系，即在人际关系、体制关系、经济关系等方面，一方试图控制另一方的行为。这些权力关系是流动的、可逆的和不稳定的。[②] 无论是哪种对权力的理解，其中都包含了影响他人或环境的能力。权力通常包含政治权力、经济权力、社会权力等多个层面。社会工作领域的权力常常被视为个体自身的一种能力，其中包括所谓的权力感，这种感受能够增强个体的多种发展特质，提升个体的内在能力。[③]

（二）无权

无权是相对于权力的概念而言的。有研究者认为，无权是权力和资源的不足。塞拉诺-加西亚（Serrano-García）指出，个体的权力缺失，是由其在经济与社会境遇中的资源缺失而导致的。[④] 无权的重要原因在于个体或群体缺乏必要的资源和机会。也有研究者认为，无权是能力的不足，如果将权力理解为影响他人或环境的能力，无权则体现为缺少这种能力，同时也意味着缺乏控制外界和实现有价值生活的能力。无权不仅是缺乏能力或资源的一种状态，也体现为个体因此而产生的无权感。基弗（Kieffer）指出，无权感

---

① Gutiérrez L M, Delois K A and Glenmaye L, "Understanding Empowerment Practice: Building on Practitioner-based Knowledge," *Families in Society: The Journal of Contemporary Social Services* 76, no. 9 (1995): 534 - 542.

② Wendt S and Seymour S, "Applying Post-structuralist Ideas to Empowerment: Implications for Social Work Education," *Social Work Education* 29, no. 6 (2010): 670 - 682.

③ 陈树强：《增权：社会工作理论与实践的新视角》，《社会学研究》2003 年第 5 期。

④ Serrano-García I, "The Illusion of Empowerment: Community Development within a Colonial Context," *Prevention in Human Services* 3, no. 2 - 3 (1984): 173 - 200.

往往与多种负面的感受和个体所处境遇相关联。[①] 考克斯(Cox)认为,无权主要基于以下几个因素,包括经济上的不安全、缺乏政治舞台上的经验、无法获得信息、缺乏批评和抽象思维方面的训练、身体和情绪有压力、习得性无助,以及阻碍个人实现发展的情感或智力方面的因素等。[②] 无权感是一种异化的过程,往往会自我延续。无权者逐渐接受权力的分化,开始对自己和所处的环境失去希望。另外,无权者对影响他们生存的事件和环境几乎没有影响力。

(三) 赋权

不同研究者对赋权的概念有着不同的看法。所罗门把社会工作中的赋权界定为:社会工作者针对案主所采取的一系列活动,旨在减少基于被污名化的群体成员的负面评价而形成的"无力感"。这里的"无力感"主要是个体或群体缺少技巧、知识、物质资源和情绪管理能力等,导致无法令自己满意地、有效地扮演重要的社会角色。[③] 所罗门承认非洲裔美国人的无能为力,因此他着重于扩大非洲裔美国人人际交往、经济和政治权力,以提高其影响决策的能力。在研究中,所罗门指出了采取行动减少成员因被污名化而得到负面评价造成的无能为力的重要性。所罗门认为,基础资源的匮乏导致黑人群体的无权,这种无权造成该群体难以有机会获取知识和较高的技术,因此难以展现自身的价值,难以应对自身所处的社会环境。黑人群体遭到

---

① Kieffer C H, "Citizen Empowerment: A Developmental Perspective," *Prevention in Human Services* 3, no. 2 - 3 (1984): 9 - 36.

② Lee J A B, *The Empowerment Approach to Social Work Practice* (*Second Edition*) (New York: Columbia University Press, 2001), pp. 33.

③ 何雪松:《社会工作理论》,格致出版社,2007,第 144—147 页。

其他群体的不公正对待和歧视的原因应从社会参与的无权角度进行分析。所以说，要想给黑人群体赋权，重点应提升其自信心，提升其人际交往的技巧和能力，从而改变其负面的境遇。

拉帕波特提出，赋权是一种使个人、组织和社区能够掌控他们事务的机制。[①] 沃勒斯坦（Wallerstein）等将赋权定义为，通过社会行动，促进个人、组织和社区的参与，帮助其在社区和更大的社会中控制自己的生活，赋权不是获得支配他人的权力，而是获得与他人共同行动以实现改变的权力。[②] 平德修斯将赋权定义为，实现对自己命运的合理控制，学会从根本上应对社会中的各种削弱力量，并获得在个人和系统层面上发起变革的能力。[③] 斯坦（Stein）认为，赋权是一个多层次的群体过程，旨在引起积极的个人和社会变化。赋权行动的结果通常表现为获得成就感、增强自尊，或者对个人收入的控制。[④] 亚当斯认为，赋权是指个体、团体和社群掌管其境况、行使其权力并达到其目的的能力，以及能够借此帮助自己和他人最大限度地提高生命的品质的过程。[⑤] 亚当斯的赋权定义强调了人们行使权力的过程和达到目标

① Florin P and Wandersman A, "An Introduction to Citizen Participation, Voluntary Organizations, and Community Development: Insights for Empowerment through Research," *American Journal of Community Psychology* 18, no. 1 (1990): 41 - 54.

② Messias D K H, De Jong M K and McLoughlin K, "Being Involved and Making a Difference: Empowerment and Well-being among Women Living in Poverty," *Journal of Holistic Nursing: Official Journal of the American Holistic Nurses' Association* 23, no. 1 (2005): 70 - 88.

③ Pinderhughes E B, "Empowering Diverse Populations: Family Practice in the 21st Century," *Families in Society: The Journal of Contemporary Social Services* 76, no. 3 (1995): 131 - 140.

④ Stein J, *Empowerment and Women's Health: Theory, Methods, and Practice* (London: Zed Books, 1997), p. 7.

⑤ 罗伯特·亚当斯：《赋权、参与和社会工作》，汪冬冬译，华东理工大学出版社，2013，第19—20页。

的能力。提特(Teater)认为,赋权意味着个体可以获取必要的资源,能够对自己的生活进行控制,并对自身的周围环境施加影响。①

大部分研究者认为,赋权既是一个过程,也是一个结果。所罗门指出,赋权是通过与当事人共同参与活动的过程来提升其权能,降低被标签化个体的无权和缺权。② 斯威夫特(Swift)等也认为,赋权是一个目标、过程或者是干预形式。③ 拉帕波特认为,赋权是一个积极的、参与性的过程,通过这一过程,个人、组织和社区获得了更大的控制权、更高的效率和社会公正。④ 帕金斯(Perkins)和齐默尔曼(Zimmerman)将赋权定义为在个人、组织、社区和社会层面分析的过程和结果。在个人层面,赋权的结果可能包括特定情况下个人的感知控制和资源动员技能;在组织层面,赋权的结果可能包括组织网络的发展、组织成长和政策影响力;在社区层面,赋权的结果可能包括多元化、组织联盟和获得社区资源。⑤

学者们对赋权概念的使用常常是模糊的,不同研究者的看法和见解都不一样。古铁雷兹(Gutiérrez)将赋权的内涵归纳为:(1) 赋予权力是一种理论和实践,可以用来处理无能为力和强压导致的个体、群体、组织和社会

① 芭芭拉·提特:《社会工作理论与方法》,余潇、刘艳霞、黄玺、吴腾译,华东理工大学出版社,2013,第66页。

② Solomon B, *Black Empowerment: Social Work in Oppressed Communities* (New York: Columbia University Press, 1976), p. 29.

③ Swift C and Levin G, "Empowerment: An Emerging Mental Health Technology," *Journal of Primary Prevention* 8, no. 1–2 (1987): 71–94.

④ Rappaport J, "Terms of Empowerment/Exemplars of Prevention: Toward a Theory for Community Psychology," *American Journal of Community Psychology* 15, no. 2 (1987): 121–148.

⑤ Perkins D D and Zimmerman M A, "Empowerment Theory, Research, and Application," *American Journal of Community Psychology* 23, no. 5 (1995): 569–579.

的多种问题。(2) 赋权是为了提升个体的权力,并促使个体能够依靠自己的能力改变生活环境。(3) 赋予权力多发生于微观和中观的介入过程中。(4) 通过一些较为具体的介入技巧来赋予权力。(5) 赋权实践的最终目标是增强服务对象的权力,从而提高其应对问题的能力。①

尽管对于不同的人、国家和文化来说,赋权意味着人们被赋予的权力、资源等不完全相同,但是其中仍然有一些共同的特征。例如,强调赋权适用于个人、组织或者社区,强调赋权能够解决权力和资源的控制与个人生活方向的问题,解决个人和社区的能力不足和建立信任的问题等。

第二节　赋权的综合维度

一、赋权的层次

赋权是多层面和多维度的。赋权可能发生在个人、家庭、组织、社区等不同层面,赋权的内容可能包含社会、心理、经济、政治和其他方面。

拉帕波特认为,赋权是一种个人、组织和社区掌握他们事务的机制,这种赋权发生在个人、组织和社区的层面。② 齐默尔曼将赋权分为个人、组织和社区等几个不同层面。赋权在个人层面主要是促进个体的参与、促进个体权力和技能的获得;在组织层面体现为运用赋权理论来增强组织的能力,

① Gutiérrez L M, Delois K A and Glenmaye L, "Understanding Empowerment Practice: Building on Practitioner-based Knowledge," *Families in Society: The Journal of Contemporary Social Service* 76, no. 9 (1995): 534 - 542.

② Rappaport J, "Terms of Empowerment/Exemplars of Prevention: Toward a Theory for Community Psychology," *American Journal of Community Psychology* 15, no. 2 (1987): 121 - 148.

促进组织的进一步发展；在社区层面的体现是增强社区自我建设和发展的能力，并且能够更好地利用各种资源，促进资源的整合等。[①] 普瑞斯柏(Prestby)等证明了赋权是多层次的，其中包括个人的、组织的和社区的三个层次，同时赋权也具有多维的属性，包括个人内心的、社会的、行为的、政策的等多个维度。[②] 格林(Greene)等认为，赋权主要从三个层面介入，即提升个人、组织和社区的政治权利，增强其权力感并获得对自身生活的控制。[③] 李(Lee)认为，赋权具有三个相互关联的维度：一是更具积极意义和潜能的自我感的发展；二是建构知识和能力，以批判性地理解个人环境的社会和政治现实之网；三是形成资源和策略，以实现个人和集体的目标。[④] 古铁雷兹认为，可以从个人、人际和政治等三个层面激发权能。个人层面的赋权是一种心理赋权，强调个人权力感和自我效能感的提升；人际层面的赋权强调个人对他人的影响能力的提升；政治层面的赋权聚焦于社会行动和社会改变的目标。[⑤] 安德森(Anderson)等提出，可以从个人、社会、教育、经济与政治等五个方面进行赋权。[⑥] 亚当斯则提出了自我赋权、个体赋权、团

---

① Zimmerman M A, "Psychological Empowerment: Issues and Illustrations," *American Journal of Community Psychology* 23, no. 5 (1995): 581 - 599.

② Prestby J E et al., "Benefits, Costs, Incentive Management and Participation in Voluntary Organizations: A Means to Understanding and Promoting Empowerment," *American Journal of Community Psychology* 18, no. 1 (1990): 117 - 149.

③ Greene G J, Lee M Y and Hoffpauir S, "The Languages of Empowerment and Strengths in Clinical Social Work: A Constructivist Perspective," *Families in Society: The Journal of Contemporary Social Service* 86, no. 2 (2005): 267 - 277.

④ 芭芭拉·提特：《社会工作理论与方法》，余潇、刘艳霞、黄玺、吴腾译，华东理工大学出版社，2013，第 67 页。

⑤ 周林刚：《激发权能理论：一个文献的综述》，《深圳大学学报(人文社会科学版)》2005 年第 6 期。

⑥ Anderson S C et al., "Empowerment and Social Work Education and Practice in Africa," *Journal of Social Development in Africa* 7, no. 2 (1994): 71 - 86.

体赋权、组织赋权、社区赋权与政治体系赋权等多个维度的赋权实践。① 汉德勒(Handler)则将赋权分为邀请式赋权(empowerment by invitation)和斗争式赋权(empowerment by conflict)。所谓邀请式赋权,就是拥有权力的个体通过邀请无权的个体参与分配资源的过程,这种赋权主要是对于处于劣势的群体的赋权。而斗争式赋权,顾名思义也就是无权个体与拥有权力的个体进行斗争,在斗争中为自身赢得权力的过程。② 邀请式赋权较多应用于企业管理中,通过管理者的邀请来促进员工权力的再分配;而斗争式赋权则在女性群体在社会中争取权力的行动中体现得比较明显。总体来看,大部分研究者认可赋权理论可以应用于个人、组织(团体)和社区等层面。

近年来,家庭层面的赋权受到了人们的重视。它被视为为患有心理疾病的儿童的家庭提供服务的一个关键组成部分。一般而言,家庭赋权被概念化为个人参与的过程,以增强对他们生活的控制。家庭成员可以获得帮助他们提高生活质量的知识、技能和资源。家庭赋权发生的空间主要体现在以下方面:一是家庭,即父母对日常情况的管理;二是服务体系,指父母在服务体系中发挥积极作用,获取孩子需要的服务;三是社区,指父母倡导改善对一般儿童的服务。③

此外,我们还可以从其他方面来理解不同层面的赋权。范斌将赋权的

---

① 罗伯特·亚当斯:《赋权、参与和社会工作》,汪冬冬译,华东理工大学出版社,2013,第87页。

② Bayliss R, "Down from Bureaucracy: The Ambiguity of Privazation and Empowerment," *Public Administration* 76, no.1 (1998): 195-196.

③ Resendez M G, Quist R M and Matshazi D G M, "A Longitudinal Analysis of Family Empowerment and Client Outcomes," *Journal of Child & Family Studies* 9, no.4 (2000): 449-460.

实践分为个体赋权、人际关系赋权和社会参与赋权。个体赋权就是使个体获得能够掌控自身的生活，并且具有适应当前所处境遇的能力。同时，个体赋权又分为事实上的掌控能力和心理上的掌控能力。[①] 人际关系赋权主要指的是借由个体之间相互产生的积极的影响，达到相互间自我权力和能力提升的过程。而社会参与赋权更多聚焦于社会政策，并且大多以群体的形式参与活动。

赋权也可以从个体、人际关系、微观的组织机构与环境、宏观的社会政治经济与环境等层面来实现。个体的赋权，主要强调与案主建立专业关系后，通过赋权来满足案主的需求。人际关系的赋权是与案主探讨所面对的问题，并且通过增强案主对自身的了解来促进其发展，随后在这一基础上建立自助互助小组，传授解决个人问题的知识与技巧。微观的组织机构与环境的赋权更多关注的是服务传递的问题，能够通过该过程促进资源的评估和利用。宏观的社会政治经济与环境的赋权指的是在宏观的社会系统内部，包括政策层面，开展社会行动，促进社会系统的改善和社会政策的发展。

赋权实践还可以从主动参与和外部驱动的角度来理解。主动参与式赋权强调个人在赋权过程中的重要性，其前提是权力存在于服务对象内部，而不是由外部赋予，因而在赋权过程中注重服务对象潜能的挖掘和能力的提升。个体在赋权后自我效能感、自我价值认同和自我能力会有所提升，同时也会在各个方面拥有更多的技能和方法，能够更好地处理多种境遇中所发生的状况。外部驱动式赋权与主动参与式赋权相对应，注重从外部激发服务对象的潜能，从而实现赋权。如通过改善服务对象的不利处境，消除环境

---

① 范斌：《弱势群体的增权及其模式选择》，《学术研究》2004 年第 12 期。

中的阻碍因素等，促使服务对象恢复社会功能，提升应对困难的能力，使其能够更好地控制自身的生活。

二、赋权的过程

学术界对赋权的过程并没有统一的认识，不同学科对赋权的理解不一样，赋权的过程也会存在差异。这里我们主要介绍一些较有代表性的赋权过程。

卡塔内奥（Cattaneo）和查普曼（Chapman）提出了一种赋权过程，受到了广泛关注。她们认为，赋权过程包含了六个要素①：

（1）设定对个人有意义的、权力导向的目标。赋权过程是由一个人可能追求的目标子集驱动的。这些目标不仅以权力为导向，而且对个人来说也很有意义。理解这些目标的本质以及它们在不同人群和环境中的差异，对促进赋权至关重要。每个人都必须在不同程度上对自己的行为负责，个人的行为是为了达到个人重要目标所进行的有意识的尝试，因此有意义的目标非常重要。当目标符合个人的核心信念和自我意识时，就是有意义的目标。权力导向的目标能增加个人在社会关系中的影响力，这样的目标可以促进个体乃至一个群体实现自己的利益，可以使一个人获得更大的自主权。

（2）自我效能感。自我效能感是赋权过程的核心要素，是目标与绩效之间的调节因子，是赋权过程的引擎。一个人所处环境中的机会、障碍和资源会明显地影响一个人想要完成某件事的信念。评估自我效能感与赋权过程

① Cattaneo L B and Chapman A R, "The Process of Empowerment: A Model for Use in Research and Practice," *American Psychologist* 65, no. 7 (2010): 646 - 659.

的其他组成部分之间的联系有助于突出这些影响因素。

（3）知识。个人在确定了目标并觉得自己可以完成它之后，就必须确定行动路线。知识包括权力的运用、可能实现目标的途径、所需的资源和方法等。而赋权所需知识的类型取决于实现目标的过程。

（4）能力。一个人一旦知道达到一个目标需要什么，那么这个人与目标相关的实际技能水平就会显著提高。我们将识别技能缺陷和学习新技能视为赋权过程的一个关键因素。学习能够实现目标的技能会提高自我效能，促进行动；而采取行动的经验会完善技能，进一步影响自我效能和行动。

（5）行动。为了真正实现目标，个人必须采取行动。行动由特定的目标驱动，由这些目标包含的个人价值和对实现这些目标的信念驱动，由有关知识提供信息，并使用有关技能来实现。在赋权的过程中，行动与人们对他们生活中能够行使的权力的认知有关，也与人们对自己能否改变的认知有关。

（6）影响。影响包括对个人行动后发生的事情的评估、个人对成功或失败的感知。个人对影响的感知可能会调节影响与赋权过程中的其他因素之间的关系。对影响的感知将会使阻碍成功的因素变得非常清晰，这样便可以进一步改进行动的目标。

古铁雷兹等分析了赋权的要素，提出了社会工作赋权的一般过程。这个赋权过程主要由界定与评估问题、确定目标、承担角色、介入策略与技术、评估五个要素组成。①

（1）界定与评估问题。这一阶段需要社会工作者与案主合作，收集案主的资料，以便辨识案主的问题，并且分析案主问题产生的内外部因素。在评

① 陈树强：《增权：社会工作理论与实践的新视角》，《社会学研究》2003 年第 5 期。

估中，社会工作者应将关注点放在案主对于问题的看法、经验上，了解案主的需求。在这个过程中，社会工作者不仅要关注案主个人、案主的家庭以及案主周边的朋辈群体带来的影响，也要注意分析政治制度和社会结构带来的影响。在界定与评估问题时，社会工作者和案主要协商决定，一起收集资料、评价信息、制定策略等。由此可见，这一过程本身就会为案主进行一定程度的赋权。

(2) 确定目标。赋权实践的具体目标是以一般目标为依据的，赋权的一般目标简单而言就是增加案主的权力。因此，赋权所要达到的具体目标是综合考虑案主所处的环境、拥有的资源、案主的选择以及社会工作者能够提供的协助等因素之后确定的。社会工作者和案主之间互动的重点是要通过采取适当的行动来达成共识，知晓目标所在。此外，社会工作者也要关注采取什么样的行动能促使案主在赋权实践结束后仍能保持良好的生活状态。

(3) 承担角色。在赋权过程中，案主与社会工作者分别扮演不同的角色。社会工作者的角色可能是咨询者、治疗者、组织者、倡导者、使能者等。社会工作者的角色与赋权的目标有关，其主要目的是增强案主的赋权意识，促进案主的行动，并且消除为案主赋权的内外部障碍。在赋权过程中，案主与社会工作者是一种合作关系，案主需要充分发挥自主性，主动参与赋权，并通过行动来实现改变。

(4) 介入策略与技术。在赋权过程中，社会工作者针对不同的案主可以采取不同的介入策略与技术。总体来看，介入可以在以下几个层面开展：第一个层面主要是与被赋权人员一起开展初步工作。例如，识别需要帮助的个人，分析个人所面临的各种问题，与案主建立良好、专业的工作关系并评估其需求和资源。第二个层面主要是为案主提供必要的知识和技巧来把握与案主有关的问题。第三个层面的介入以环境为关注点。这个层面的工作通常是从意识层面介入开始的，社会工作者让案主意识到影响自身问题的环境因素，并设法消除环境对其造成的影响。第四个层面主要是挖掘案主问题背后的政治因素，通过社会行动或其他集体行动来影响造成个人问题的政治环境。

（5）评估。评估贯穿于赋权的整个过程。在服务开始时，社会工作者与服务对象一起评估可能达到的目标。在服务过程中，社会工作者和服务对象可以通过阶段性评估去判断赋权实践的方向是否正确，是否能带来改变，然后根据评估结果采取措施对赋权实践的方向进行调整。进行效果评估时，社会工作者不仅要关注案主最初的问题是否得到了解决、预期效果是否达到，还要关注服务对象权力的获得情况。

总体来看，赋权的过程包含以下一些要素：首先，需要了解被赋权主体的无权状态，或者说是把握被赋权主体的问题；其次，需要确定合适的赋权目标，这个目标必须是指向权力的、对个人来说是有意义的，而且是可以通过努力实现的；再次，要开展赋权的行动需要创造赋权的条件（如必备的知识、技能等），社会工作者和被赋权主体要扮演相应角色并承担责任等；最后，要对是否达成赋权进行评估和反思，以利于改善未来的行动。

第三节　赋权理论的应用领域

赋权理论在20世纪中叶得到全面发展，随着其实践范围扩大，应用领域也在扩张。赋权理论在女性权益保护、社区建设、企业管理、个人健康、贫困治理等领域都有较多应用，同时也为一些社会问题的解决提供了新的视角。鉴于20世纪中叶赋权理论呈现百花齐放的态势，这一时期被学者们誉为"赋权时代"。

一、妇女研究领域的赋权

在妇女研究领域中，妇女赋权和性别平等已成为全球发展的中心议题，妇女赋权更是成为融入全球经济的重要概念和发展话语。女性通常被视为社会中受压迫的群体，会受到性别歧视、种族歧视、阶级歧视、年龄歧视等，还可能是骚扰、暴力、贫穷、虐待等问题的受害者。在一些社会生活的领域中，女性在一定程度上处于与男性不平等的地位。研究者认为，赋予妇女权力不仅是改善其不平等地位的关键，而且是社会全面发展的关键。我们可以把妇女赋权理解为让女性对自己生活的不同方面拥有更多的控制权。它包括自力更生、获得新技能、拥有更大的家庭决策权、获得更多的参与政治活动的自由、增强自信和自尊等。赋予妇女权力经常被视为一种机制，通过这种机制，妇女能够组织自己，提高自我满足能力，维护自己作出选择的权利，并控制宝贵的资源，使她们能够挑战并且改变自己的从属地位。[①] 妇女赋权的术语可能包括自我力量、自我控制、自力更生、个人选择、争取权利的能力、独立、自主决策权、自由等。

妇女赋权是一个多维度的过程，涉及妇女的个人、家庭、社会、文化、经

① Adjei S B, "Assessing Women Empowerment in Africa: A Critical Review of the Challenges of the Gender Empowerment Measure of the UNDP," *Psychology and Developing Societies* 27, no. 1 (2015): 58-80.

济和政治空间。《1995年联合国第四次世界妇女大会行动纲领》提出了在12个关键领域的妇女赋权，包括贫困、教育、卫生、暴力、武装冲突、生态环境、经济差距、权力分享、制度、人权、大众传媒、环境与女童。例如，在妇女贫困方面，政府机构和非政府组织逐步认识到妇女不只是贫困的受害者，也是解决贫困和许多其他社会和经济问题的关键因素，因而主张在实践层面为妇女赋权。在一些发展中国家，相关部门通过为农村妇女提供信贷和储蓄服务，促进妇女在经济生活中的参与，有利于增强妇女权能，提高妇女的自尊、自信、解决冲突的能力、家庭决策权并扩大妇女的社会网络，从而改善妇女的经济地位，实现妇女在家庭中性别平等的目标。又如，在家庭暴力方面，研究者认为对妇女的暴力行为是性别不平等的突出表现，是造成一系列经济发展问题的重要因素，因而主张通过对妇女赋权来减少对妇女的暴力行为。再如，在政治方面，受到传统男权意识的影响，许多妇女缺少参与政治的机会，缺少对社会变革施加影响的力量，因而研究者主张在政治层面上为妇女赋权。布克曼（Bookman）和摩根（Morgen）在《妇女与政治赋权》（*Women and the Politics of Empowerment*）一书中使用"赋权"一词来描述一系列的政治活动，包括从个人抵抗到挑战社会基本权利关系的大规模政治动员。①

有研究者认为，妇女赋权可以从五个层面展开，包括社会、教育、经济、政治和心理。社会赋权是指增强妇女的社会关系和她们的社会关系为其赋能的力量。社会赋权有助于解决社会中存在的歧视。教育赋权有助于拓宽妇女的知识视野，挖掘赋权的潜力。为妇女提供免费的教育，能够使她们意

① Adjei S B, "Assessing Women Empowerment in Africa: A Critical Review of the Challenges of the Gender Empowerment Measure of the UNDP," *Psychology and Developing Societies* 27, no. 1 (2015): 58-80.

识到自己的权利和义务，为她们带去希望，增强其社会、政治、知识与文化能力，开阔其心胸，破除各种偏执的观念和迷信等。经济赋权意味着将妇女从各种剥夺和压迫中解放出来，通过提供平等的工作机会、平等的组织福利、平等的待遇和平等的工作环境，让妇女获得独立的经济能力。政治赋权为妇女参与政治决策提供了一个重要的工具，它能够提高妇女参政的效力和能力，挑战现有的权力结构和男权意识形态。心理赋权让妇女超越了传统和禁忌，也转变了她们的自我认知，增强了妇女的主体性，使她们在心理上感受到动力，增强自信心，认识到自我价值，并能控制自己的收入和身体。①

阿齐兹(Aziz)等提出了基于参与的妇女赋权模式，这个模式主要包括五个步骤：(1) 实地调查。运用 11 种参与式农村评估(participatory rural appraisal, PRA)方法收集参与者对于赋权、社区整体健康、心理健康、生殖健康、日常工作量、获取资源、参与决策和遭受暴力等方面的看法与思考。每种方法都用于反映妇女赋权的程度以及支持或阻碍妇女赋权的因素。(2) 行动分析。实地调查的结果被输入数据管理系统中，以方便分析。调查内容被归为赋权、身体健康、精神健康、生殖健康、对女性的暴力侵害和资源等几类，并在参与者的集体会议中分享与分析。集体分析主要是找到女性的生活现实与政策权利之间的差距，其次是被用来确定培训需要和拟订行动计划，以便同决策者确定妇女的需求。(3) 宣传培训。妇女的技能培训需要在社区中得以满足，社区妇女如果具备了围绕选定问题或主题组织思想和语言的技能，并同时具备了公开演讲的实践能力，她们就能够撰写

① Mandal K C, "Concept and Types of Women Empowerment," *International Forum of Teaching and Studies* 9, no. 2 (2013): 17-30.

有关赋权的各类请愿书，为自己发声；请愿书在提交给决策者之前，会在小组中审查，并做出必要的修改。（4）政策对话。包括来自政府、非政府组织和社区组织的妇女和男性代表在内的当地决策者应邀参加对话。对话为社区妇女争取公共空间提供了机会。妇女就各种问题发表公开演讲，并与当地决策者协商提出解决方案。其中一些建议也得到了地方政府、非政府组织和社区组织的代表以及社区内男性的认可。（5）追踪变革行动。前面的四个步骤促进了反思分析以及妇女的初步行动，后续外部支持团队保持与妇女的联系并举办集体会议、开展培训课程，支持她们继续采取行动。①

赋权作为一种特别吸引女性的策略，可以帮助女性发展自我意识、积极进入劳动力市场、改善贫困状态、提高家庭地位、增强社会影响力等，从而改变性别方面的不平等现象。

二、管理学领域的赋权

在管理学领域中，员工赋权一直是一个关键问题。赋权与信任、动机、决策有关，有助于打破管理层和员工之间的界限。在20世纪80年代，西方工业社会中的组织变迁、组织效率降低、竞争环境改变和员工个人意识的发展迫使组织需要重新思考管理战略。在此背景下，赋权成为适应组织培养、提高组织竞争力的可行手段。组织环境中的赋权被视为内在任务激励所必需的条件，目的是将权力和权威分散到整个组织中，使组织结构中较低层的

① Aziz A, Shams M and Khan K S, "Participatory Action Research as the Approach for Women's Empowerment," *Action Research* 9, no. 3 (2011): 303 - 323.

员工获取更多的职权，以便采取更为适当的行动。通过挖掘个人的潜力，员工不仅能更好地完成工作，还能在工作中充满热情。康格等在企业中运用赋权理论，将赋权与提升企业员工参与的积极性相结合，通过组建工会、增强员工获得信息的权力和能力来提升员工的参与度和满足感。康格基于期望理论和自我效能感理论来理解赋权，认为赋权是指一个人自我效能感的提高。当个体被赋权时，个人效能预期被加强。康格认为，赋权是一个动机性的建构，是使能而不是简单地委派。使能意味着通过创造条件来增强完成任务的动机以及培养强烈的个人意识。赋权分为五个阶段。第一阶段是找出导致员工无力感的原因。第二阶段是运用管理策略和技巧。第三阶段是向员工提供增强自我效能感的信息。第四阶段是增强员工的权力感。第五阶段是强化赋权的行为效应。通常，可行的赋权实践包括：(1) 对员工表达信心，同时对其表现出很高的期望值；(2) 为员工提供参与决策的机会；(3) 提供不受官僚主义约束的自主权；(4) 设定有激励作用或有意义的目标。[①] 布兰查德(Blanchard)等管理理论家认为，管理中的赋权包括三个步骤。第一步是分享信息，管理者必须与员工充分分享信息，以帮助员工培养主人翁感。第二步是设定可以理解的界限，让员工感到既舒服又有挑战性。第三步是让管理者发展团队，构建新的等级结构。他们指出，赋权过程从组织分享信息开始，以团队建设结束。[②] 托马斯(Thomas)等将赋权定义为四

---

① Conger J A and Kanungo R N, "The Empowerment Process: Integrating Theory and Practice," *Academy of Management Review* 13, no. 13 (1988): 471 - 482.

② Hur M H, "Empowerment in Terms of Theoretical Perspectives: Exploring a Typology of the Process and Components across Disciplines," *Journal of Community Psychology* 34, no. 5 (2006): 523 - 540.

个组成部分。一是为员工提供真正的工作机会，不仅让他们的声音被听到，还让他们拥有真正的权力来控制和影响工作流程。二是增强员工自己做出选择的能力和信心，提高员工的自我效能感是他们敢于作出决定的先决条件。三是重视被赋权员工所做的工作。四是让员工对组织中正在发生的事情产生实际的影响，并确保他们的决定产生了影响。[①]

三、教育学领域的赋权

在教育领域中，赋权理论也经常被用到。在教育中应用赋权理论能够使相对处于弱势地位的学生得到更好的发展，促使其发挥自身的潜能，并且能够使这一群体在多个方面（如发展自身能力等）有所成长。一些教育改革方案也采纳了赋权的思想。赋权学校、赋权教师和由此产生的赋权学生被看作教育赋权的主要内容。教育赋权意味着权力从政府转移到教师身上，再从教师转移到学生身上。从学校层面来看，政府将越来越多的预算下放给学校，学校可以决定如何最好地使用这些预算，以增强其办学实力；学生可以发展自己的能力、负责自己的成长并解决自己的问题。从教师层面来看，教师赋权被视为与学生互动的一种更积极的方式。被赋予权力的教师被定义为更愿意将学习过程的控制权交给那些参与其中的人，从而使学习成为一种协作的努力，而不是一种自上而下传授知识的教学模式。[②] 赋予教师更多的决策权会带来更高的工作满意度和更好的教学效果。在这个过

---

① Baruch Y, "Applying empowerment: Organizational model," *Career Development International* 3, no. 2 (1998): 82 - 87.

② Lawson T, "Empowerment in Education: Liberation, Governance or a Distraction? A Review," *Power and Education* 3, no. 2 (2011): 89 - 103.

程中,教师和管理者之间的合作被视为成功改变策略的关键,教师可以参与学校教育方面的决策,自行调整课程和教学方法以满足学生的需要。从学生层面来看,赋权就是让学生自主地进行选择,积极地参与到学习中,让他们以最充实和对社会负责的方式生活。在教育领域中,赋予权力被视为一种解放受压迫的人的手段。应用赋权理论能够使相对处于弱势地位的群体得到更好的发展,促使其发挥自身的潜能,并且能够使这一群体在多个方面(如发展自身能力等)有所成长。欧内斯特(Ernest)单独探讨了赋权在数学教学中的意义,认为个人只有在数学赋权、社会赋权和认识论赋权三个领域内的能力都得到发展,才会觉得自己有资格并且能够自信地应用数学推理、判断数学应用的正确性、批判性地欣赏数学应用。其中,数学赋权是指在数学教学中获得运用数学知识和技能的能力;社会赋权是利用数学改善社会的能力;认识论赋权关注的是个人自信心的增长,而不仅仅是在使用数学方面的能力的提升,它也是一种个人对创造和验证知识的力量的感觉。①总的来看,教育中的赋权涉及的对象可能包含学校、教师和学生等,而赋权的目标涉及不同主体的自主权,赋权的结果体现在提高能力、增强信心和提升自我效能感等方面。

四、心理学领域的赋权

在心理学领域中,赋权理论运用得较为广泛。心理赋权既是赋权的重要维度,也是心理学领域研究的重要内容。心理学中关于心理赋权的大多

① Ernest P, "Empowerment in Mathematics Education," *Philosophy of Mathematics Education Journal* 15, no. 2 (2002): 1-16.

数方法都以社区情境中的公民参与为中心，与公民参与能力、自信、公民责任感、效能感等有着直接的关系。心理学上的赋权强调人们面对困难的生活环境或社区条件时，要积极参与可以解决他们问题的活动，赋权过程可以增强个人在生活中获得权威的能力，并通过集体行动增加对政府和社区资源的自主性和控制力。① 罗辛(Rossing)等将赋权描述为两个步骤，即建立联系和社区建设、社会冲突和社会支持。② 班亚德(Banyard)等将赋权描述为三个步骤，一是促进人际观念或鼓励参与，二是建立社区联系或整合多样性，三是在社区层面促进社区建设或社区参与的社会行动。③ 不同学者在心理学层面的赋权过程都存在一些共同点：一是社区中的赋权实践导致了社区多样性到社区整合的变化，二是社区整合或社区建设之前的中间步骤是参与社区活动。④ 施普赖策(Spreitzer)探讨了在工作场所的心理赋权，心理赋权结构表现在一组反映个人对其工作角色定位的四种认知中，包括意义、能力、自决和影响。意义是个人对工作目标或工作价值的认知，其中涉及工作角色或职责与自身价值观之间的契合度，个人对工作角色与自身价值观的认知是心理赋权的基础。能力也可以称为自我效能，是个人对自身有能

---

① Santos S C, Neumeyer X and Morris M H, "Entrepreneurship Education in a Poverty Context: An Empowerment Perspective," *Journal of Small Business Management* 57, no. Suppl (2019): 6-32.

② Rossing B and Glowacki-Dudka M, "Inclusive Community in a Diverse World: Pursuing an Elusive Goal through Narrative-based Dialogue," *Journal of Community Psychology* 29, no. 6 (2001): 729-743.

③ Banyard V L and LaPlant L E, "Exploring Links between Childhood Maltreatment and Empowerment," *Journal of Community Psychology* 30, no. 6 (2002): 687-707.

④ Hur M H, "Empowerment in Terms of Theoretical Perspectives: Exploring a Typology of the Process and Components across Disciplines," *Journal of Community Psychology* 34, no. 5 (2006): 523-540.

力熟练地完成工作的信念，这种信念通常能够增强个人的权力感。自决是个人能够自由地进行选择的感觉，是自主性的体现，反映了个人对工作内容和工作过程的控制感。影响是个人在工作中对企业战略、管理或运营结果的影响程度。这四种认知共同反映了个人对工作角色的主动的定位，结合起来就形成一个完整的心理赋权结构。

此外，在政治、健康等其他领域内，赋权理论也得到了广泛应用。例如，在政治领域中，赋权意味着获取参与政治的能力，并最终获得权力。在健康领域中，赋权被视为对预防药物滥用、减肥、戒烟等的有效的干预。

赋权在社会工作中的应用相当广泛，无论是社会工作的产生，还是社会工作的价值观和专业方法的形成，都体现了通过赋权提升服务对象能力的追求。关于社会工作领域的赋权，我们将在第五章里详细介绍。

第三章 国内外反贫困的赋权实践

贫困是一个非常复杂的概念。一直以来,世界各国都在致力于探索消除贫困的方法。最早的消除贫困的方法来自经济学家,他们认为经济增长是最好的减贫方式。实践证明,经济增长确实能够在一定程度上减少贫困,但是经济增长带来的财富增加并不一定会完全公平地惠及每一个贫困个体,甚至有可能导致部分贫困人群更加贫困。各国要实现可持续减贫,也许有必要超越"金钱贫困"的范畴,因为越来越多的人认同贫困不仅仅源于缺少金钱,同时也受到社会结构不合理、自身能力不足、缺少机会等因素的影响。例如,森就认为摆脱贫困的重点是机会分配和获得,而不仅仅是增加收入。如果给予个人平等的机会,就可能使贫困人群在经济上获得成功,使他们能有更多摆脱贫困的可能。经济增长并不能完全解决贫困问题,因而世界各国都着眼于在更广泛的领域内探索减贫之道。其中,引入赋权的视角成为广受关注的策略。世界各国的反贫困实践基本上都蕴含了赋权的内容,从赋权的主体来看,可能包含各级政府机构等正式赋权主体,也可能包含非政府组织、社会组织等非正式赋权主体，如公益慈善机构、社会工作机构等。此外，贫困人群自身既是被赋权的对象，也是自我赋权的主体。

第一节　反贫困实践中的赋权框架

赋权理论在反贫困领域中得到了越来越多的认可。20 世纪 80 年代，人们在减贫理论和实践中将关切的问题从改革转移到赋予权力，强调个体和集体（社区）行动的重点是能力建设和权力转移以及对决策和资源的控制。我们知道，造成贫困的原因是多方面的。贫困的复杂性意味着减轻贫困的战略不仅是减少货币贫困和脆弱性贫困，还必须考虑通过获得教育、卫生、基础设施和就业的机会，提高贫困者的赋权水平，最终降低贫困的发生率。齐博（Tsiboe）等认为，消除贫困还需要动力和资源，资源和知识是赋权的关键要素。[①] 约翰·弗里德曼（John Friedmann）认为，贫困不应仅被视为物质上的，而应被视为社会、政治和心理上的无力。他从两个方面阐述了赋权的途径，一是动员贫困者，二是将贫困者的社会权力转化为政治权力。[②] 需要帮助的人可以通过动员自己在更大范围内参与政治来减轻贫困。世界银行在《2000/2001 年世界发展报告：与贫困作斗争》中特别强调了让贫困人群获得机会、安全和权力以促进经济增长对于减贫的重要性。

---

① Tsiboe F et al.，"The Effect of Women's Empowerment in Agriculture on Household Nutrition and Food Poverty in Northern Ghana," *Social Indicators Research* 138, no. 1 (2018)：89－108.

② Hur M H, "Empowerment in Terms of Theoretical Perspectives：Exploring a Typology of the Process and Components across Disciplines," *Journal of Community Psychology* 34, no. 5 (2006)：523－540.

一、国外对反贫困赋权的探索

约翰·弗里德曼在《再思贫困：赋权与公民权》一文中从积极的方面定义了赋权。他认为，无权主要体现在社会、政治和心理层面，于是他提出了基于家庭经济和谋生资源的赋权模型。[①] 该模型包含以下几个要素：

（1）生计。生计是家庭活动的中心。家庭活动应该整合到必要的谋取生计的活动之中。无权的家庭不可能完全依靠自身谋生，而是需要借助社会关系的网络来谋生。社会关系包括家庭成员之间的关系、与朋友和邻居的关系、与以社区为基础的组织的关系等。这些关系都可以使家庭在谋生活动中得到相应支持。陷入贫困的群体如果不对这些关系进行投资，家庭经济就会更加脆弱，导致缺少赋权的条件。此外，家庭成员还要进入市场，通过工作来维持生计。

（2）资源。资源是社会权力的基础，社会权力包括八个类别：一是有"安全而有保障"的生活空间，如相对固定的住房、有基本设施的社区等。二是在谋生之外有剩余的时间。三是有一定的社会网络，如朋友、邻居、各类组织形成的关系网等。四是有市民社团，如各类市民可以参与的社区组织。五是具备知识和技能，包括家庭成员的受教育程度以及改善家庭经济状况的知识技能。六是有实际意义的信息，主要是对家庭谋生和改善经济状况有实际促进作用的信息，如就业信息。七是有生产工具，如耕地、生产设备等。八是有财经资源，如稳定的收入、可获得的小额贷款等。

---

① 约翰·弗里德曼：《再思贫困：赋权与公民权》，《国际社会科学杂志（中文版）》1997年第2期。

（3）战略。获得以上这些资源，需要遵循一定的顺序。从战略上来看，要优先做到以下几个方面：一是要有“安全而有保障”的生活空间。二是要能够获得一定的财经资源。三是增加对家庭成员尤其是男性成员的知识能力的投资。四是参加以社区为基础的组织。弗里德曼的赋权模型主要强调家庭谋生或经济发展的资源的获取。从路径上来看，解决家庭的生计问题不仅需要家庭自身的努力，还需要外部组织的帮助；不仅要在社区层面付出努力，还要有国家甚至国际层面的参与。

纳拉扬（Narayan）在制度分析的基础上提出了反贫困领域的赋权框架。[①] 他指出，权力广义上指的是塑造个人生活的选择和行动自由的扩大，意味着对资源和决策的控制。对贫困者来说，他们的行动自由受到他们的话语权和无力感的严重限制，而贫困者的无力感根植于不平等的制度关系中。赋权则是扩大贫困者的资产和能力，使其能够控制贫困对其生活的影响。赋予贫困者权力需要消除正式和非正式的体制障碍，正是这些障碍限制了他们以个人或集体的方式改善福祉的努力。基于以上分析，纳拉扬提出了赋权的四个关键要素。

（1）获取信息。从政府到公民和从公民到政府的双向信息流动对于公民与治理至关重要。知情的公民能够更好地利用机会、获得服务、行使权力。信息的关键内容包括国有和私营部门绩效、金融服务和市场、基本服务方面的规则和权利等。

（2）包容与参与。赋权的参与方式将贫困者视为共同生产者，将决策的

① Narayan D, *Empowerment and Poverty Reduction: A Sourcebook* (Washington D. C.: World Bank, 2002), pp. 19 - 22.

权力和对资源的控制下放到适当的最低层级。让贫困者和其他被排斥群体参与决策，确保其对有限的公共资源以当地的共识和优先事项为基础来使用。为了维持包容和参与，有关人员通常有必要改变规则和程序，为人们创造空间来辩论问题，使得人们可以参与地方和国家优先事项的选定和预算的制定，获得基本服务和金融服务。

(3) 责任。责任是指要求公职人员、私营雇主或服务提供者承担责任，要求他们对自己的政策、行动和资金使用负责，对影响公民福祉的政策和行动负责。通过横向和纵向的、机构内部和机构之间的问责机制，确保政府机构承担责任、对公民负责，并能强化政治和行政责任。

(4) 当地的组织能力。组织能力主要是指人们在一起工作、组织自己、调动资源以解决共同关心的问题的能力。有组织的团体和社区更有可能传达他们的声音，使他们的需求得到满足。当这些以成员为基础的群体在更高层次上结成联盟时，他们便可以在影响其福祉的政策对话和决策中获得发言权。

因此，赋权的重点是支持贫困者获得信息，建立包容和参与的支持与帮助机制，建立社会责任机制以及对贫困者解决问题的组织能力的投资。

纳拉扬在提出赋权的四个关键要素后，进一步阐明了这四个赋权要素在五个领域内的应用：一是提供基本服务，改善贫困者获得和有效利用基本服务的机会。提供基本服务的赋权办法侧重于各种联合生产措施。这些措施包括：公开政府服务和表现的资料；设计包容和参与的机制，包括贫困者能够负担得起的服务，提供计划或融资战略；提升当地组织的社会责任感和能力，赋予社区团体权力，以增强其对社区发展项目的关键决策的影响和对财政资源的控制。二是改善地方治理。改善地方治理对于更好地提供服务和更好地应对贫困者亟待解决的问题至关重要。地方政府(在拥有权力和资源的情况下)通过各种机制增强地方社区的权能,这些机制包括增加公民获取信息的机会、促进包容和参与、加强政府对公民的责任和投资于地方组织的能力建设。三是国家治理不断完善。国家发展进程和政策决定了贫困者获得的资源和机会的多少。国家治理需完善的内容包括将贫困者提供的信息与国家预算和政策的制定过程联系起来,以及让公民参与支出跟踪,或通过社会问责机制让公民反馈等。四是扶贫市场开发。经济赋权对贫困者的福祉至关重要。温饱和财产安全是贫困者生活的核心问题。对贫困者的经济赋权需要私营部门的推动。有关部门可以为微型、小型和中型企业提供商业发展服务,鼓励私营部门创新和开发新产品,增强贫困者的权能,消除阻碍贫困者进入新市场的障碍等。五是获得司法公正和法律援助。正常运作的司法系统不仅对投资环境很重要,而且对保护贫困者及其生计也很重要。例如,提高行政公平性,使政府对普通公民的行政决策是负责任的、可负担的。又如,改进法律教育方式,加强公众宣传,增强贫困者在文化、物质和经济上利用法律保障自身合法利益的意识。总体来看,纳拉扬的赋权框架聚焦于贫困人群的权力和机会,涵盖了反贫困领域的各种主要实践。

达法尔(Djafar)通过对印度尼西亚的哥伦塔洛省(Gorontalo)珀胡瓦托县地区的减贫实践的研究,提出了一个基于贫困者赋权的扶贫战略模式。这个赋权模式主要通过5C方法实现,即沟通(communication)、协调(coordination)、协作(collaboration)、合作(cooperation)和意识

(consciousness)。[①]

(1) 沟通。沟通指由政府和私营部门向目标社区提供扶贫政策信息。沟通在推广和促进活动中密集开展,以最大限度地减少项目实施过程中的偏差。政府和私营部门在扶贫项目实施过程中,通过援助、推广等方式可以与目标社区进行更深入(良好)的沟通。

(2) 协调。协调旨在同步、调节和指导目标社区以达到预定目标的统一的、和谐的活动。协调的作用是使政府和私营部门能够协同实施社区赋权项目,从而使该项目不重叠。

(3) 协作。协作就是在政府级和非政府级的组织之间建立合作关系,使政府、私营部门和社区成为为实现目标而参与赋权项目的重要伙伴。

(4) 合作。合作指利益相关者(政府、社区和个人)在实施社区赋权项目时的合作、相互理解和相互帮助的过程。

(5) 意识。意识就是使受助人意识到政府和私营部门在实施扶贫赋权项目。基于社区赋权战略的减贫项目的成功实施,有望改变贫困者的社会、经济、文化生活状态,提高社区的创造力,使社区成为赋权社区和发展社区。

从以上赋权模式可以看到,反贫困中的赋权包含了不同层面。例如:在个体层面强调个人对知识技能、人际网络等资源的获取和将其为自己所用的能力;在社区层面强调公民参与、社区能力提升、社会组织作用的发挥、不同主体的协调合作等;在国家层面强调制度保障、改善治理、国家参与等内容。

---

① Djafar R et al., "Reconstruction of Poverty Reduction Strategy Model Based on Community Empowerment Programs," *Academy of Entrepreneurship Journal* 25, no. 2 (2019): 1-10.

二、国内对反贫困赋权的探索

在中国40多年的减贫历程中，无论是在政策层面还是在实践层面都体现了赋权理念。但是如何在反贫困领域中开展赋权工作，并没有统一的模式和方法。从我国的反贫困实践来看，赋权是一种基于政策推动资源配置的综合行动过程。从赋权对象来看，赋权包括个体赋权和地区赋权两种实践模式。个体赋权的对象主要是身处贫困中的个体，目标是为贫困个体缓解生计困难，帮助其增加发展机会、提升人力资本、增强权力感和构建发展能力。地区赋权的对象是贫困县（乡、村），目标是改善贫困地区的基础设施和公共服务、推动贫困地区的经济发展、增强贫困地区的自我造血功能和发展能力，从整体上改善贫困地区的落后面貌。政策推动是我国反贫困实践中赋权的主要特色，其具体内容包括：为贫困人群提供基本的救济和生计资源，以满足其基本生活和自我发展的需求；完善有关政策，保障贫困人群的就业权、受教育权、医疗权、住房权；消除性别不平等、改善分配方式，以增加贫困人群获取收入的公平性；促进社区发展与建设，开展基于社区的教育培训，在社区层面实施各类减贫项目，促进家庭的参与，培养贫困人群的归属感和权力感；专业工作者（如社会工作者）和志愿者在政策的支持下为贫困个人或家庭提供陪伴照料、心理辅导、信息传递等服务；加强贫困地区的基础设施建设、完善公共服务、促进产业发展、改善贫困地区的环境等。这些政策不仅有效减轻了区域性贫困，也提升了贫困人群的生活水平，消除了绝对贫困，增加了贫困人群控制自己生活的自由度。总体来看，国家层面和社区层面的赋权更为广泛，主要原因是这两个层面的赋权能够覆盖更广泛的贫困人群，赋权的整体效果更加明显。

一些学者针对具体的贫困群体，从不同的视角探讨了赋权与反贫困的关系并尝试建立反贫困实践中的赋权模型。

王卓等分析了女性赋权的理论与减贫逻辑，提出了"国家—市场—社会—个体"的贫困女性赋权的框架。在减贫中赋权需要协调国家、市场、社会和个体的关系，不同主体的协同参与，能够增强女性抵抗风险的能力。王卓等提出的赋权框架包括四个层次。①

（1）政治赋权，建立包容开放的公共参与机制。政治赋权主要包括两个方面：一是法律赋权。通过法律赋权，适度赋予女性在政治上免于遭受排斥和获得参与式发展的机会。二是政策赋权。要完善反贫困的政策体系，真正为女性参与提供政策保障，例如让农村贫困女性在减贫发展项目的决策、参与和监督上发挥作用。

（2）经济赋权，建立管制适度的权能拓展机制。经济赋权需要从以下三个方面着手：一是要打破性别偏见，赋予女性在经济生活中的自由选择权。例如，赋予女性在技能、资金和信息等方面的发展资源，给予女性在技能培训、微型金融等方面的支持等。二是提升女性的主体性，实现从传统的被动减贫到主动发展的转变。三是适时调整组织体系运行中权力、资源和利益关系的失衡状态，重塑贫困女性在有序减贫系统中牢固的社会关系网络。

（3）社会赋权，建立共享发展的利益联结机制。社会赋权主要包括两个方面：一是团体赋权，要充分利用团体在增强女性抗风险方面的作用。例

① 王卓、郭真华：《建立缓解相对贫困的女性赋权减贫机制研究》，《重庆工商大学学报（社会科学版）》2023 年第 4 期。

如，促进女性的参与式减贫，开设社会性别与发展小组等，增强贫困女性的自我意识。二是组织赋权，主要通过培育农村妇女专业合作社、农业生产互助组织和女性减贫发展小组等组织，增强组织内聚合力，为贫困女性提供组织资源。

(4) 自我赋权，建立代际阻断的内源式培育机制。自我赋权包括两个层面：一是协助女性贫困者构建起一种以资源、价值、知识、思想、感觉和敏感性为赋权维度的反身性自我觉察能力。二是为女性贫困者的子女成长和发展提供资源，以及“资源变现”的空间和条件，此外还要从精神层面上消除贫困亚文化的影响。

靳继东和潘洪阳认为，赋权的实质在于制度改进，政府应至少从两个方面来推进公民享有免于贫困的权利。一是政府应该采取积极行动来实现公民免于贫困的权利，如完善向贫困者提供津贴、救济、救助等各项政策扶助。二是政府应该采取积极行动来约束自身，保障公民政治参与的权利，依据公民诉求来制定和执行公共政策。① 具体而言，制度改进的赋权可能通过包含改革分配机制、推进社会管理体制改革等方式来实现。

李小军等基于四川凉山彝族自治州“失依儿童”的研究提出了教育赋权的思路。他认为，教育赋权应该从五个方面来进行：一是加快教育设施完善的步伐。如提高公共教育支出占国内生产总值的比例，完善教师队伍的生活与工作环境，改善公共基础设施等。二是寻求监护人责任代理。如转让未成年人监护权，让社区救助机构承担起监护人的角色等。三是坚守生命

① 靳继东、潘洪阳：《贫困与赋权：基于公民身份的贫困治理制度机理探析》，《吉林大学社会科学学报》2012 年第 2 期。

健康权第一的原则。如对患有特殊疾病的群体给予医疗帮助，加强对疾病知识的宣传教育和对患者的心理干预等。四是鼓励民间慈善组织帮扶。如搭建政府与非政府组织合作项目、支持和发展慈善组织、制定有利于民间慈善组织发展的政策等。五是为适龄儿童获得受教育的权利提供制度保障，建立维护受教育权利的法律救助途径。①

第二节　反贫困领域的赋权策略

在反贫困实践中，不同国家根据自身的政治、经济、文化背景采取了不同的赋权策略，但是赋权的内涵具有一致性。综合来看，不同的赋权策略中主要体现了消除主体性贫困、参与行动、发展权利、能力建设等核心内容。

一、通过赋权消除主体性贫困

贫困可分为客体性贫困和主体性贫困。客体性贫困主要是指在物质方面的匮乏，可以表现为基本的生存需求得不到满足，包括衣食住行等方面。主体性贫困指的是精神层面的贫困，可能表现为因贫困的现状而丧失自我改变的积极意识，无所作为，在不良的生存环境和消极的人生态度中形成恶性循环。具体来看，主体性贫困体现在以下几个方面：一是主体性贫困者通常会为自己贴上失败、无能、无用、无望的负面标签，这种自我压迫性的力量会逐渐内化为贫困者的价值观，使得他们觉得自己毫无价值，进而影响其改

① 李小军、任梓强：《四川大凉山“失依儿童”的反贫困策略研究：基于教育赋权的视角》，《华北电力大学学报(社会科学版)》2018年第3期。

变贫困状态的意志与动力,极大地延缓了脱贫减贫的进程。二是主体性贫困者会构建与其他人不同的亚文化,表现为缺乏对生活意义的理解、对人生采取消极态度、相信宿命论或者向命运投降、缺少职业精神和职业道德等。三是主体性贫困者很难用实际行动来改变贫困状态。很多陷入生活困境的贫困人群认为,他们无法通过自己的力量来改变自己的境遇,容易产生失落感和依赖感,进一步限制了其参与减贫行动。由此可见,贫困群体的主体性对于反贫困有着至关重要的作用,主体性不能充分展现不仅会影响到赋权效果,也会对消除贫困、实现发展产生不利的影响。想要将贫困者从贫困中解救出来,就先要寻找导致贫困的主体因素,这也是赋权的基础。

在寻找预防贫困的因素时,研究者们发现许多因素似乎与无力感有关。无力感指的是个体缺乏获得资源的途径,这些资源可以保证生存,减少不适,并使一个人的生活能够改变和改善。无力感涉及人类的创造性行为和机会的缺乏,会影响和引导一个人的未来。无权者对影响他们生存的事件和条件几乎无能为力。此外,无力感是一种异化的过程,往往会自我延续。无权者逐渐接受权力的分化,开始对自己和所处的环境不抱希望。赋权涉及物质和心理两个方面,涉及拓宽获取资源的途径、增加对资源的控制和价值感的提升。赋予权力的过程特别要考虑到心理上的无能为力的因素。赋权的心理目标是增加价值感、自我效能感和控制感。他们通过了解现实和可能的后果,开始设想变化和选择的可能性。

在反贫困实践中,主体性不能充分发挥是贫困群体发生改变的首要障碍,摆脱主体性贫困也成了他们脱贫的关键。消除主体性贫困需要在赋权过程中增强贫困群体的权力感、对生活的控制感,增强其自我改变的内在动力。消除主体性贫困并非单纯强调贫困者个人的改变，也要为贫困者个人的改变营造环境和创造条件，提供社会支持。主体性贫困的产生并不完全由个体的人格特征、价值观念等内在因素决定，通常是由结构性因素导致了某种价值观的内化，如从无力改变外部环境的制约，最终丧失自我发展的信心。在赋权过程中，反贫困工作者一方面要改造贫困者的主观世界，帮助他们形成正确的自我概念，建立积极向上的价值观，从而增强其自我效能感和应对挑战的信心，另一方面要消除贫困者自我改变的环境障碍，如为贫困者提供社会参与的机会、合理公平地配置资源、加大外部支持的力度等，这些因素都是驱动贫困者改变现状的内在力量，可以有效消除主体性贫困。中国农村反贫困实践也表明，依靠贫困地区自身力量走自我发展之路是一条成功之路。该模式在反贫困进程中充分激发了贫困人群自力更生、艰苦奋斗、奋发图强、自强不息的精神，克服了“等靠要”的依赖思想，改变了消极畏难和无所作为的精神状态，充分发挥了贫困地区广大干部群众的积极性、主动性和创造性。从世界范围内的反贫困实践来看，各国都把消除这种主体性贫困作为赋权的重心之一。

自我赋权和团体赋权是帮助贫困人群摆脱主体性贫困、获得发展力量的重要形式。自我赋权是指自身内生动机的激发，在积极向上思想的引导之下，通过不断学习来改变自身生活现状的过程。一方面，对贫困群体来说，他们自身和贫困是分离的状态，他们是一个个可以自我改变的生命体，可以通过自身的行动来摆脱贫困的境地。另一方面，我们可以通过深入了解每一个贫困群众的反贫困史，帮助他们改变过去的错误认知，重新看待过往的失败，分享成功的经验，从而帮助他们找回改变贫困处境的信心和勇气。团体赋权有助于构建贫困者的社会关系网络，团体成员可以通过互助的形式来共享资源，增强贫困者的主体性，提高其应对挑战的能力，共同抵御各种社会风险。其中，自助团体在赋权中发挥了重要作用。自助团体是贫困者建立的互助性小型志愿团体，成立的目的是满足共同的愿望、克服共同的障碍或者解决生活问题、激发成员改变个人的想法。贫困的处境和感受使得贫困群体有着共同的心理和目标，通过这种同质性的联结，他们可以形成牢固的情感纽带和团结机制。自我赋权和团体赋权能够激发和塑造贫困群体的主体性，可以使得贫困群体正确地认识自己，激发其改变的信心与动力。

二、通过参与行动促进行为改变

贫困人群被排斥在正常的政治、经济和社会生活之外是贫困产生的重要因素。贫困人群若不参与当地社区或社会的公共事务，就会被排除在社区网络之外，没有社区网络的支持和社会生活的参与会导致贫困的恶性循环。贫困人群不能正常参与经济生活，他们就缺少改变贫困现状的机会和途径。无论这些排斥是出于何种原因，都会成为消除贫困的巨大障碍。大部分研究者都将赋权视为一个贫困群体参与的行动过程。一种赋权参与的方法是将贫困者视为共同生产者，将决定资源分配的权力和控制权下放到可控范围内的最低层级，让贫困者和其他被排除在外的群体参与决策，确保有限的公共资源被分配到优先事项上。为了保持包容性和知情参与，有关部门通常有必要改变规则和程序，为贫困人群参与辩论、参与地方和国家优先事项、获得基本服务和金融服务等创造空间。

20世纪70年代,公众参与的目的是让人们参与那些旨在造福他们的项目。20世纪80年代,参与是为了解决效率、可持续性和发展问题。目前,社区参与和赋权的重点放在参与性方法方面。在参与性学习和行动的保护下,参与使预定的方案受益者能够确定、执行、监测和评价他们所选择的方案。例如,在印度尼西亚的减贫政策中,“广泛参与”是一个基本原则。该国在编写国家减贫纲要时采用开放式模式,包括基层政府、非政府组织、学者等都参与了编写。在减贫实践中,印度尼西亚重视社区自立计划,让普通民众参与基层决策,这对于辨识贫困人群、把握基层民众需求、自下而上推动发展等都起到了重要作用,而且通过让贫困人群参与决策,保证了益贫性议题的优先性。在中国的减贫历程中,参与发展也是一个重要的主题。20世纪80年代至90年代,国务院明确提出并坚持了开发式扶贫的方针,其基本宗旨就是动员民众、组织民众,倡导和鼓励贫困地区的贫困农户和地方政府都参与到反贫困活动之中。地方政府发动民众踊跃投工投劳、开发利用资源、改善生产条件,使贫困农户逐步形成自我积累、自我发展的能力。同时,贫困农户可以在劳动的过程中发展生产,创造财富,解决温饱问题,改变贫困面貌。

参与也是解决妇女贫困问题时常用的手段。在一些发展中国家,妇女与男性相比,在政治、社会和经济上仍然处于不平等的地位,在获得和控制资源、经济机会和政治参与方面仍然存在差距。联合国开发计划署从三个维度提出了性别不平等的评价指标:经济参与和决策、政治参与和决策、控制经济资源的权力。当妇女参与社区组织时,她们获得了技能和自信,这可以使她们在社区内得到进一步的发展。因此,促进参与,从而赋予个人权力是组织赋权的一项重要任务。孟加拉国农村发展委员会(以下简称 Brac)成立于 1972 年,是孟加拉国最大的私营发展组织,也是该国致力于农村发展的非政府组织。它的两个主要目标是减轻贫困和赋予贫困者权力。Brac 在实施妇女综合项目时,通过制度建设、责任意识培养、内部赋权、创造就业、支持教育、加强健康和卫生等来增加妇女参与决策过程、管理和控制资源的机会。

参与是个人赋权的重要组成部分。拉帕波特认为,赋权是一种积极的、参与性的过程,在这一过程中,个人、组织和社区获得了更大的控制权、更高的效率和更好的社会公正。贫困人群在参与发展的过程中,可以增强自身改变的动机和责任感,提高自身的参与能力,积累社会关系网络,并能够提出自己的需求和建议,增强发展项目的益贫性。

在强调贫困人群的参与时,我们必须了解有哪些因素促进和阻碍了人们的参与。社会交换理论和政治经济学理论指出,个人参与与否取决于福利以及参与的成本。参与成本高,获取的福利低,则会阻碍个人参与动机的形成,从而抑制个人赋权。促进参与的策略包括增加参与所带来的收益,降低参与的成本,消除阻碍参与的心理因素和外部环境因素。但仅仅是参与并不一定会达到赋权的效果,还需要在参与的过程中让贫困者的意见成为决策的一部分,增强其对参与过程的控制感和影响力,让参与者感觉到自身代表了其他服务对象或居民,并被其他人认可。

三、通过制度改革保障发展权利

在制度语境中,赋权是指改变不平等的制度关系。影响贫困者生活的制度有正式的，也有非正式的。正式的制度包括国家、私营部门和民间社会组织以及国际组织中嵌入的法律和规则，非正式的制度包括社会团结、社会排斥、社会公正等。国家发展进程和政策决定贫困者获得资源的机会，因而我们必须在治理体系中进行改革，以增加贫困者获取资源的机会，最常见的方式是法律赋权。法律能够将贫困者的发展权利以明确的条文呈现出来。法律赋予贫困者权利是一项发展战略，它界定了所有人的权利和义务，这使得人们可以在一个确定的和可预测的环境中相互交流。因此，法律创造了一种环境，在这种环境中，人类所有的创造力都能蓬勃发展。法律赋权是一个系统变革的过程，通过这个过程，贫困者和被排斥者能够利用法律、法律制度、法律服务来保护和促进他们作为公民和经济行动者的权利与利益。

来自挪威的贫困者法律赋权委员会（CLEP）提出了法律赋权的四个重要支柱：获得公正和法治、财产权、劳工权利和商业权利。[①]

获得公正和法治的内涵包括：确保人人享有合法身份的基本权利，并在出生时登记；废除或修改损害贫困人群权益和生计的法律法规；促进建立国家和民间社会组织或联盟，包括设立为被排斥者利益而工作的律师组织；通过有效和公正的执法等手段，建立合法的国家垄断；通过承认和整合贫困者的习惯和他们已经熟悉的非正式法律程序，使正式的司法系统、土地管理系统和有关公共机构的服务更容易使用；鼓励法院适当考虑贫困者的利益；支持替代性争端解决机制；促进获得法律服务制度化，使贫困者了解法律并能够利用法律；支持赋予妇女、少数民族人员、难民和国内流离失所者法律权

① Singh N, "Fighting Rural Poverty, Inequality and Low Productivity through Legal Empowerment of the Poor," *The Journal of Peasant Studies* 36, no. 4 (2009): 871-892.

利的具体措施。

财产权的内涵包括：促进对个人和集体财产的有效管理，以便将法外经济纳入正式经济中，并确保所有公民都能方便地获得这种经济；确保所有国家认可的财产均可依法强制执行，并确保所有公民均享有相同的权利和标准；为可获得的、透明的和负责任的资产交换创造一个运转良好的市场；通过社会和其他公共政策，如低息贷款和分配国有土地等，扩大产权的可得性，加强产权保障；促进包容性产权制度，优化共同财产的概念。

劳工权利的内涵包括：尊重、促进和实现结社自由，以便在有关改革和其设计的社会和政治对话中重视贫困工人的身份、发言权和代表性；改善劳工管理的质量和劳工市场机构的运作机制，从而在保护贫困者和提高贫困者的生产力之间产生协同作用；确保维护在《工作中的基本原则和权利宣言》规定的非正式经济中有效执行工人和企业最低限度的一揽子劳工权利；在日益增长和更具包容性的市场经济中增加就业机会；在经济动荡时扩大对贫困工人的社会保护；促进和确保工人获得医疗保健、医疗保险的措施；确保赋予法律权利，推动性别平等，从而实现劳工组织标准下的各项承诺。

商业权利的内涵包括：保证基本的商业权利，如售卖的权利、拥有工作空间的权利以及获得必要的基础设施和服务（住房、电力、水、卫生设施等）的权利；加强有效的经济治理，使企业建立和经营、进入市场和在必要时退出变得容易和负担得起；扩大法人的范围；容许经营者将企业资产和个人资产分开，从而可审慎承担风险；促进普惠金融服务，为发展中国家的企业家提供他们在其他国家和地区的同行认为理所当然的东西——储蓄、信贷、保险、养老金和其他风险管理工具；通过专门方案扩大获得新商业的机会，使企业家熟悉新市场，帮助他们遵守法规和要求，支持大公司和小公司之间的向后、向前联系。

四、通过能力建设促进个人发展

在能力贫困维度的分析中，森和努斯鲍姆（Nussbaum）的分析最具代表性。在森的分析框架中，他没有正面回应能力贫困的具体内容。森认为，研究者不可能预先确定一个能力贫困的通用列表。森未指定能力的具体维度，这就使能力方法成为可能符合各种研究情境的开放体系。尽管森拒绝给出具体的能力贫困清单，但是他认为有必要把注意力集中在若干对生存和尊严至关重要的核心能力上，如良好的营养状况、良好的健康状况、良好的受教育程度和自尊等。[①] 而努斯鲍姆则给出了关于物质、精神和政治等方面的十种人类主要能力。

能力可以被视为人类固有的潜在力量，每个人都具有不同程度的能力，有些人的能力可以通过行动展现出来，有些人的能力则受到各种因素的抑制。能力的内涵非常丰富，其中几种主要的能力包括：基本生存能力，如拥有良好的健康、教育、生产生活的技能等；社会能力，如社会归属感、领导能力、信任关系、认同感、赋予生命意义的价值观和组织能力等；政治能力，如代表自己或他人的能力、获取信息的能力、组织社团的能力以及参与一个社

---

① Chiappero-Martinetti E and Moroni S, "An Analytical Framework for Conceptualizing Poverty and Re-examining the Capability Approach," *The Journal of Socio-Economics* 36, no. 3 (2007): 360 - 375.

区或国家政治生活的能力等。[①] 贫困群体能力的增加可以为他们带来更多的物质和机会,使他们在经济上更加成功,从而能够摆脱贫困。能力贫困与赋权的内在逻辑是相通的,赋权是消除能力贫困的重要手段。能力贫困是贫困人群从生存到发展的一系列能力的缺失,而赋权从总体来说是要增强无权或失权对象的能力。夏尔马(Sharma)甚至认为,赋权就是指能力建设,它指的是各种能力的增强,包括社会、经济、心理和政治等方面的能力。[②] 赋权是消除能力贫困的重要途径。赋权能够激发贫困人群的效能感,提高其为实现自己的目标筹措资源的能力和以有效的方式参与贫困治理行动能力。现有的证据表明,赋予经济权力对增强贫困人群的能力有显著的影响,可以增强贫困人群的决策能力并提高其社会地位。社会赋权可以丰富贫困者的知识,提高贫困者的技能和自我认知等。

构建贫困者的发展能力强调将贫困者置于发展的中心,视其为发展的主体,不将贫困者作为问题,而是将其当作发展的重要资源。因此,赋权的方法要建立在增强贫困者的权能之上,如帮助他们获取解决问题、管理资源和摆脱贫困的知识、提升他们的技能、增强他们的主动性和积极性。世界各国在增强贫困群体的权能时,教育是常用的手段。保障贫困人群的受教育权利本身就是一种赋权,同时通过教育也能带来其他方面的赋权。教育赋权既可以改变贫困人群的心理状态,也能够增长贫困人群的知识和技能,聚

① Narayan D, *Empowerment and Poverty Reduction: A Sourcebook* (Washington D. C.: World Bank, 2002), p. 15.

② Sharma S L, "Empowerment without Antagonism: A Case for Reformulation of Women's Empowerment Approach," *Sociological Bulletin* 49, no. 1 (2000): 19 - 39.

集人力资本。例如，通过创业教育和扫盲教育来增强贫困群体的权能，以达到增强反贫困信心的目的。创业教育的内容已经从教授创业的机制发展到帮助他们认识机会、管理逆境并培养一种创业的心态。创业可以使生活在贫困中的个人摆脱不利条件。贫困者创业可能受到各种条件的影响，如缺乏创业的资源、个人的健康状况不佳、较低质量的学校教育、识字率不高、缺乏交通工具、与社会其他部分的隔离、缺乏创业榜样、缺少导师和缺少与小型企业运营人员接触的机会等。① 而创业教育则可以在一定程度上突破以上这些限制。通过创业教育，低收入人群可以获得创业的基本知识、技能，增强创业的信心和能力，提升创业成功的可能性。贫困人群通过创业，可以改善生活水平，从而实现为低收入人群赋能的目标。

作为反贫困的一种重要模式，教育培训属于"造血式"扶贫。它能提升贫困人群的人力资本和社会资本，是促进贫困地区经济发展和社会进步的根本途径。扫盲教育也是消除贫困的重要手段。例如，缅甸的扶贫战略和政策中蕴含了通过教育赋权来建设人的能力的内涵。缅甸政府在 1998 年开始了教育普及计划。在这个计划中，地方政府、教育界人士、非政府组织、学校管理委员会、社区、学生家长等均参与其中，以保证所有学龄儿童有机会接受初等教育。教育普及让初等教育净入学率从 1999—2000 学年的 91% 提升到 2009—2010 学年的 98.25%。此外，对于超龄儿童实施特殊的教育计划，让年龄在 7 岁至 9 岁的儿童用三年的时间完成小学教育，年龄在 9 岁以上的儿童用两年完成小学教育。除了实施初等教育计划外，缅甸政府还

① Santos S C, Neumeyer X and Morris M H, "Entrepreneurship Education in a Poverty Context: An Empowerment Perspective," *Journal of Small Business Management* 57, no. Suppl 1 (2019): 6 - 32.

实施了提高成人识字率的计划，此计划的受益群体包括 15 至 24 岁的青少年。在政府的努力下，2010 年，缅甸 15 岁至 24 岁的青少年识字率提高到 98%。此外，缅甸政府还为边区和少数民族教育发展以及教育性别平等等方面提供了支持。政府制定的办学计划涵盖了提升偏远地区和农村地区人民生活质量的一体化发展。在教育计划实施中，缅甸政府保证所有公民，不分男女，都能够获得基础教育权。① 缅甸政府通过对贫困人群的教育支持，大大改善了贫困人群的人力资本，增强了其发展能力，有效推进了反贫困的进程。

中国的反贫困实践，也非常注重教育扶贫。我们强调通过教育来提高贫困人群的素质，改变其思想，阻断贫困的代际传递。在反贫困进程中，我国广泛实施了“教育扶贫工程”“希望工程”“春蕾计划”“文化扶贫工程”“智力支边”等一系列反贫困计划，贫困地区的基础教育设施得到极大改善，师资力量得到增强，农业科技知识得到广泛应用，贫困人群的精神面貌得到极大改善，生产就业技能得到提升，贫困人群的素质得到提高。

第三节　反贫困领域的赋权实践

一、国外反贫困领域的赋权实践

针对贫困的赋权模式并不是单一的，在不同的赋权实践中也体现了不同的模式。国际社会在反贫困领域内开展了许多赋权活动，其中的参与主体非常广泛，政府、非政府组织、志愿者组织、社区、贫困个体等都参与了赋权实践。特别是非政府组织在全球范围内的赋权实践最为引人注目。综合

① 左常升：《世界各国减贫概要(第一辑)》，社会科学文献出版社，2013，第 57—59 页。

来看,赋权实践主要集中在个体赋权、社区赋权、教育赋权、政治赋权等领域内。以下笔者主要介绍一些较有代表性的赋权实践。

(一) 政策赋权——越南国家援助项目①

世界银行早期援助越南的重点是修复在连续的战争中被破坏的基础设施以及恢复基本的卫生和教育系统。该计划旨在从这些投资中获得高回报,并通过放松对广泛增长的限制,对贫困产生影响。

1998 年的国家援助战略(Country Assistance Strategy, CAS)包含了一些赋权的内容,目的是使贫困者在项目规划、更广泛的政府规划和预算制定过程中有更大的发言权。该战略的主要内容包括以下三点:

(1) 在该国一些最贫困地区引入两个社区发展项目(以社区为基础的农村基础设施项目和北部山区减贫项目),将规划和资源管理责任下放至公社一级。

(2) 在贫困地区实施参与式贫困评估计划,以构成合作贫困评估的组成部分。

(3) 通过加强权力下放和参与,提高公共资金使用的透明度,包括检查公共开支、与联合国开发计划署和乐施会建立参与性省级伙伴关系,以完善茶荣(Tra Vinh)省的参与性规划。

通过参与式贫困评估,政府认识到贫困家庭在决策和政策制定过程中的疏离程度和贫困者在获取与他们生活息息相关的基本信息方面所面临的限制。一些群体的发言权比其他群体更少:妇女、少数民族和未登记移民尤

---

① Narayan D, *Empowerment and Poverty Reduction: A Sourcebook* (Washington D. C.: World Bank, 2002), pp. 137 - 142.

其不太可能参与决策过程。鉴于此，政府建立了一个由多个利益相关方组成的反贫困工作组，在公共政策辩论中讨论诸如贫困群体无声音和无力等较为敏感的话题。政府基于参与式贫困评估所提供的信息编制了临时减贫战略文件，内容包括向贫困家庭传播有关合法权利的信息；营造良好的社会环境，促进贫困者参与地方经济发展计划的制定；建立一个法律框架，使社区能够负责和管理通过发展项目获得的资源等。

（二）社区驱动发展——马拉维社会行动基金①

社区驱动发展是指将开发的决策权和资源的控制权交给社区团体的过程。社区团体可以是地理实体，如城市社区或农村村庄，也可以是具有共同利益的团体，如用水户协会、家长教师协会、小额信贷协会或妇女团体。这些组织一旦成立，通常与服务提供者（地方政府、私营部门或非政府组织）合作，开发和实施满足其在教育、健康、卫生、交通、资源管理、经济活动和其他生计问题方面的优先事项。

社区驱动发展分为以下几个实践领域：（1）制定政策和体制改革，以加强社区团体或参与选举的地方政府对决策和资源的控制。（2）民选地方政府与社区团体合作，就投资资金的规划、实施、运营和维护作出决定。（3）社区团体负责对投资资金的规划、实施、运营和维护进行管理。

马拉维社会行动基金（Malawi Social Action Fund，MASAF）于 1996 年启动，在五年半的时间里总投资为 7 100 万美元，重点是通过社区行动减轻农村贫困。该行动基金于 2001 年 12 月关闭。MASAF 一期项目主要是向

① Narayan D, *Empowerment and Poverty Reduction: A Sourcebook* (Washington D. C.: World Bank, 2002), pp. 212 - 213.

社区提供资金，以改善和建设社区基础设施，如学校、保健设施、社区供水点、城乡市场和粮仓。MASAF 二期项目主要针对未从一期项目中获得显著利益的最弱势群体，这些群体自发地组织起来并直接接触项目的能力有限。为了更好地服务这些群体，MASAF 二期项目与非政府组织和社区组织密切合作，重点支持为孤儿、街头儿童、残疾人、老年人和受艾滋病影响的人等群体设计的子项目。MASAF 二期项目中的大多数项目在教育部门（占比为79%），5.13%的项目在水利行业，4%的项目在基础设施和通信领域，3.7%的项目在卫生部门。

MASAF 对所在社区产生了重大影响。社区可以选择符合其需求和利益的项目，使得社区的基础设施得到改善，社区发展能力明显提升。该项目对性别的影响也相当显著，例如妇女得到了更多的参与机会和更好的服务，收入方面也有所提高；女孩的入学率提高，大龄女孩的流失减少；妇女获得保健（特别是产妇保健）的机会有所增加；女性得到了更多就业岗位，MASAF 为女性创造了 1 350 个就业机会，占工作岗位总数的 26%。

MASAF 是非洲第一个社会基金，在项目实施过程中对社区进行了充分赋权，社区可以选择项目并且执行、签订合同和承担责任。社区确定当地的优先事项，贡献 20%的项目成本，并获得来自中央政府和捐赠机构的资金的援助。项目管理部门负责管理项目的日常运作，包括评估、批准子项目和监督运行。

（三）教育赋权——马达加斯加的教育计划①

在 20 世纪 90 年代早期，由于缺乏投资、教育质量下降以及家长和教师

① Narayan D, *Empowerment and Poverty Reduction: A Sourcebook* (Washington D. C.: World Bank, 2002), pp. 232 - 234.

的士气低落,马达加斯加小学的入学率不断下降。因为缺少教师,所以 2 500 多所公立小学被迫关闭。13 500 所学校大都需要大修。学校缺乏教育材料和专业支持,同时也缺乏社区的支持。1993 年年底,马达加斯加政府作出了一项决定,要求地方社区密切参与改善公立小学基础教育的行动。在世界银行的支持下,决策者启动了加强初等教育教学和行政管理的计划。第一阶段的项目包括 8 个指导原则:

(1) 地方和区域各级负责教育的人员为家长和学生提供服务,以实现国家教育目标。

(2) 国家不能包办一切,家长和地方当局必须有效参与。

(3) 社区和学校签订的帮扶合同应该写明所有当地社区认为要优先处理的事项。

(4) 行政区内的所有学校都应该从上述合同中受益,所有人都应该有机会参与这个过程。

(5) 鉴于预算和资源有限,政府的支持将限于提供足够数量的教师。

(6) 其他的优先事项将取决于当地社区。

(7) 每一份帮扶合同都要求当地提供最低限度的捐助,如货物或者现金。

(8) 每一份帮扶合同都是独一无二的,因为它反映了特定社区确定的优先事项。

该项目开始在马达加斯加全国 6 个省的 2 个大区推行,后来扩展到 20 个大区。项目的焦点是改善学生的学习条件。在确定方向之后是社区动员和培训,包括召开会议和开设讲习班、访问学校、交流信息和观点,其目的是让家长、社区主任和其他社区成员承担起学校教育的责任，主要探讨学生入学率低、学生退学、教育缺乏家长参与、教师和地方当局的问责不力、校舍条件差以及学校缺乏教育资源等问题。

此外，各社区成立一个有代表性的学校理事会，让社区成员直接参与有关学校的决策，理事会成员包括教师、家长和村民。在设计和实施以学校为基础的合同时，各方都需要表明他们的专业知识、愿景、能提供的资源和行动意愿。投资的多少取决于当地社区的初步行动。在项目实施过程中，项目组鼓励每个社区认识到自己、中央和地方政府在改善学校条件方面的作用。

项目在试点阶段取得了较好的成效。462 名小学教师被调动；25 所公立小学重新开放，1993—1994 学年和 1994—1995 学年的小学入学人数增加了 26.5%。该项目的成功为马达加斯加制定新的国家教育政策奠定了基础。1997 年 12 月，马达加斯加通过了第二个国民教育改善计划（the Second National Improvement Plan for Education），其中包含了一些重要的理念：以孩子为中心，每个行动或活动都必须衡量其对孩子及其学习的影响；以学校为基础，学校所在的社区和环境被视为改变和行动的支点；采取自下而上的方法，从学校获得的经验被当地合作伙伴使用，以不断提高学习质量等。

（四）参与式赋权——缅甸一体化发展计划[①]

缅甸约 70%的人口生活在农村，其中大多数是贫困者。特别是一些偏远边区的贫困发生率很高。缅甸自 2001 年起正式实施国家发展计划，主要包括一体化农村发展计划、边区发展计划和开发特区计划。缅甸在减贫实

① 左常升：《世界各国减贫概要（第一辑）》，社会科学文献出版社，2013，第 65—68 页。

践中注重为贫困者和妇女赋权。从2003年开始，缅甸与联合国开发计划署合作启动了一体化社区工程（以下简称ICDP）和偏远镇区社区发展工程（以下简称CDRT）。ICDP工程从2003年1月开始实施，包含11个镇区，后来在2005年和2008年陆续增加了12个镇区。ICDP工程的目标是增强社区解决自身基本需求的能力，尤其是提高贫困者和弱势群体的能力，通过培养并加强农村机构规划能力和其开展活动的能力，以参与、可持续和透明的方式解决基本需求、社会和食品安全需求。ICDP工程不仅关注贫困社区的需求，更为重要的是注重为贫困社区和贫困人群赋权。在工程实施过程中，缅甸政府一是注重参与式发展，工程规划和实施社区活动尽可能让社区和贫困人群参与进来；二是注重能力建设，让社区能够识别自身需求，并规划实施自助活动。这些举措极大增强了社区和贫困人群的信心。CDRT工程则在全国26个偏远镇区展开。上述两个工程的主要赋权方法包括以下三项内容：

（1）赋权社区开展规划发展活动。先由社区代表、镇区代表和工程人员三个参与主体共同确定最需要帮助的村，然后开始一系列参与式村庄评估和规划活动。在确定村庄发展计划的过程中，村里每个家庭都会参与，共同分析社区的问题和需求，并形成初步规划。通过参与规划活动，村民的诉求和声音得到传达，发展信心增强，参与能力得到提高。

（2）妇女赋权活动。在规划制定时，通过参与式财富评级行动确定贫困、非常贫困和最贫困的家庭，有助于妇女成立自立团体并建立共同基金。一个团体中有10～20名成员，共同基金主要由成员定期存储的资金和发展工程为自立团体提供创收活动的资金组成。妇女们自己可以管理基金，共同讨论基金的用途。她们可以借用团体的共同基金来进行投资，拓展创收活动。自立团体的活动让其成员更加自信、更加独立，并切实增加了收入，改善了生活条件。

(3) 通过能力建设赋权。能力建设的主要方式是培训和教育，例如在农村开展的助产士培训、社区医疗培训、家庭自我护理培训等，接受培训后的社区成员可以为其他人再讲授有关知识。此外，扫盲教育也在其中发挥重要作用，通过开办识字班、学前班等，让之前无法读、写、算的社区居民变得独立。

(五) 村庄赋权——华梅山区的服务学习实践①

这个赋权项目的特别之处在于将贫困村庄的赋权与大学生的实践学习相结合，实现了贫困村庄和大学生的双向赋权，使得两个主体都得到了不同程度的发展。该项目始于 1997 年夏天，实施主体由大学学生和教师组成，项目设置在秘鲁安第斯山脉地区的华梅市(Huarmey City)的山区。这个村庄赋权项目最初的目标是通过协作开发解决方案，支持文化和技术的相互学习，促进国际理解和合作；探索可再生能源在安第斯山脉地区的使用方式；通过服务和学习的整合，优化学生的教育体验；促进秘鲁当地的经济发展。

项目选择在一个较小的村庄中，重点是发展各种社区用途的基础设施：一是提供通信服务。在村庄特别是在医疗机构中发展通信系统，改善人们的沟通方式，提高沟通效率。二是改善供水和净化系统，设计并安装太阳能供水和饮用水净化系统。三是改善照明条件和推动个人电脑的使用，主要在诊所、学校、教堂和市政厅里安装照明系统，在屋顶安装光伏模块等；在诊所、学校等场所推动笔记本电脑的使用。四是改进疫苗冷藏设备和其他医

① Duffy J, "Village Empowerment: Service-Learning with Continuity," *International Journal for Service Learning in Engineering* 3, no. 2 (2008): 1-17.

疗设备。五是开发微水电，设计微型水力发电系统，满足用电的需求。六是改造沼气发生装置来使其产生甲烷，满足社区对能源的需求。七是推行医疗保健方案，开发医疗硬件系统，加强健康教育和临床活动。例如，为孕妇举办讲习班，指导儿童卫生，以及评估社区健康状况等。八是开办微型企业，主要包括鳟鱼和小龙虾的养殖、太阳能灯租售、太阳能滴灌系统以及太阳能净化水瓶的设计和使用。九是将课程学习与社区的服务项目相结合。"村庄赋权"项目重视帮助当地人建立他们所需求的系统，这些系统在环境、经济、政治和文化上都是适当的和可持续的，项目不仅改变了许多村民的生活，也改变了学生和志愿者的生活。

1998 年至 2008 年期间，马萨诸塞大学洛厄尔分校（University of Massachusetts Lowell，UML）和其他几所大学的 119 名学生（志愿者）每年前往秘鲁的同一个村庄两次。参加服务学习项目的学生在超过 25 门的不同课程中设计和安装了 80 多个系统，其中大多数使用可再生能源，分布在秘鲁安第斯山脉的 44 个乡村和城镇的医疗诊所、学校和市政厅。

（六）个案工作赋权——以色列的家庭服务①

自 20 世纪 80 年代以来，以色列的贫困和不平等现象急剧增加，国民特别是妇女和单身母亲的生活受到严重影响。这一社会现状也影响了社会工作者的服务工作。社会工作者处于为贫困人群提供公共服务的第一线，工作不稳定、职业安全性差、工作量大、资源有限、缺乏与反贫困相关的特殊培训等问题非常突出。作为对这一现实状况的回应，旨在将贫困问题置于社

① Saar-Heiman Y, Lavie-Ajayi M and Krumer-Nevo M, "Poverty-aware Social Work Practice: Service Users' Perspectives," *Child & Family Social Work* 22, no. 2 (2017): 1054 - 1063.

会工作理论和实践前沿的社会工作范式应运而生。该范式包括三个理论和伦理前提：一是认为贫穷是对人权的侵犯；二是认为专业知识是社会工作者和服务使用者之间持续对话和密切联系的产物；三是它需要社会工作者站在贫困人群身边，代表他们向社会传达自己的意愿。

在这种背景下，以色列实施了改革个案工作的方案，以增强社会工作在反贫困领域内的实践能力。该方案有三个目标，一是改善贫困家庭的生活，二是培养学生的反贫困意识，三是为发展反贫困意识的社会工作提供实验地。该方案自设立以来，31 名社会工作者在这个方案的框架中为 130 个家庭提供了服务。这些家庭长期生活在极度贫困之中，而且过去社会工作者用传统方式与他们接触时，他们被贴上了“不合作”的标签。这些家庭都面临着各种各样的困难，比如家庭关系问题、债务和住房问题等。改革个案工作的方案是独一无二的，但都具有三个特点：一是持续时间较长，社会工作者通常在同一个家庭内的工作会超过两年；二是社会工作者与学生见面的时间和地点可以由家庭来选择，他们更喜欢社会工作者每周定期到家里来；三是整个家庭都是参与者。该项目由学生、导师和一名协调员组成。协调员帮助家庭行使各种行政当局赋予的权力，寻找社区资源以满足物质需求和促进政策实践。导师都是经验丰富的社会工作者，同时也是学术方面的指导人，在批判性的社会工作实践方面有广博的知识。在该项目的实施中，学生得到了包括理论课程、个人和小组指导、个人和小组实践在内的学术层面的支持。

从项目的评估结果来看，绝大多数参加该项目的家庭都与社会工作者建立了牢固的关系，并定期与他们会面。84%的方案参与者开始处理债务，

54%的参与者成功减少了债务;40%的人开始工作或学习职业课程,另外13%的人通过工作提高了收入;50%的人开始向各种福利机构求助,其中有一半的人得到了肯定的回复;33%的人开始参与社交活动。项目实施成功的主要经验在于三个方面:一是在现实环境中的干预,实践发生在不同服务用户的家里以及各种行政当局办公室的“现实环境”之中;二是实施有针对性的干预;三是同时关注参与者的物质和情感的需求及其满足情况。

二、国内反贫困领域的赋权实践

国内学者单独针对反贫困领域的赋权研究并不多见,当然这并非研究者不重视反贫困中的赋权问题,可能是研究者认为赋权是反贫困的固有理念,正如反贫困是社会工作的题中应有之义一样,没有必要进行单独探讨。现实情况是,在我国40多年的反贫困进程中,很多理念和实践都体现了赋权的视角。例如,我国在反贫困过程中强调的包容性发展、参与式扶贫、扶志扶智、社会保障等都体现了为贫困人群赋权的理念。

(一)包容性发展与赋权

包容性增长的核心内容是公平合理地分享经济增长成果,促进发展的协调与均衡。其中蕴含的重要思想是通过包容性发展让贫困人群能够公平地分享发展成果,从某种意义上来看,这就维护了贫困人群获得发展成果的权利,让贫困群体从经济增长中分享收益,从而缩小贫富差距。包容性增长理念的核心正是要消除贫困者的权利贫困和所面临的社会排斥,实现机会平等和公平参与。包容性发展强调以人为本的理念,使得贫困人群的基本权利得到保护。它体现了对贫困人群的友善和包容,客观上保障贫困人群在获得机会、获得公共产品和服务、获得社会保障等方面拥有平等的权利，其本质是要消除贫困人群的权利贫困，合理分享增长的成果。[①] 我国一直把包容性增长作为减贫与发展的基本理念，包容性增长在目标、方针、主体、模式、策略等方面的设计都注重贫困者的权利，以便于实现贫困人群的自我发展。我国在实现包容性增长方面的政策主要涵盖以下四个方面：一是转变经济增长方式，促进可持续发展。通过调整产业结构、转变经济增长方式等，让产业结构更加合理。二是提高劳动者的素质和能力，为劳动者创造更多的就业和发展机会。三是完善收入分配方式，逐步缩小收入差距。四是完善社会保障体系，改善民生。[②] 包容性增长不仅实现了经济的可持续增长，避免了所谓的“中等收入陷阱”，也实现了贫困人群分享发展成果、提高生活水平的目标。

（二）参与式扶贫与赋权

参与式扶贫是自 20 世纪 80 年代以来逐渐发展起来的扶贫方法，参与是贫困人群赋权的重要路径。参与式扶贫是把当地社区和村民作为自然资源管理的主体，通过能力培养、赋权和管理机制的建立等，实现自然资源、社会经济的可持续利用和发展。[③] 参与式扶贫要求贫困群体平等参与到反贫困活动之中，成为反贫困的一支重要力量。贫困人群全程参与扶贫项目的设计、规划、实施、监管和验收。社会工作者要注重激发贫困人群的主体性，提高贫困人群的能力，使他们在经济上能有较大改善。我国的参与式扶贫源

① 向德平、黄承伟：《减贫与发展》，社会科学文献出版社，2016，第 161 页。
② 左常升：《国际减贫理论与前沿问题(2013)》，中国农业出版社，2013，第 286 页。
③ 国务院扶贫办政策法规司、国务院扶贫办全国扶贫宣传教育中心：《脱贫攻坚前沿问题研究》，研究出版社，2019，第 168—171 页。

于20世纪90年代初由国际非政府组织在贫困地区施行的参与式扶贫项目。最初的参与式扶贫是从规划设计开始的。例如,中国秦巴山区扶贫世界银行贷款项目开展了“农户选择项目”“农户参与式村级脱贫规划”研究,国务院有关部门开展了“村级参与式扶贫开发规划研究”项目等。此后,整村推进成为参与式扶贫的主要内容。在整村推进模式中,村民深度参与乡村扶贫规划的制定、实施、监管等工作,由贫困农民代表对贫困问题和原因进行讨论,并由各村民小组代表共同研讨决定需要实施的村级扶贫开发项目,项目的受益群体必须参与项目实施,实现了对贫困人群的政治赋权和经济赋权。例如,我国在20世纪90年代开展的“幸福工程——救助贫困母亲行动”就很好地体现了参与式扶贫的特点。1995年,中国人口福利基金会、中国计划生育协会和中国人口报社共同开启了“幸福工程——救助贫困母亲行动”工程。该工程的任务之一是帮助贫困母亲发展生产、勤劳致富。该工程首先在贵州普定县、甘肃礼县、安徽潜山县(2018年撤县设市)和陕西大荔县进行试点探索,并确立了“小额资助、直接到人、滚动运作、劳动脱贫”的救助模式。该工程以项目的方式救助贫困母亲,采取开发式扶贫,要求贫困母亲参与到项目发展之中,帮助贫困母亲解决了项目启动资金的问题,协助她们选择项目,并提供相应的文化知识和生产技能培训。工程的实施增加了贫困母亲的家庭收入,维护了妇女的生存权和发展权,增强了贫困母亲的自尊、自立和自信,提升了贫困母亲的综合素质。① 该项目强调参与,鼓励贫困母亲通过行动来改变自身的不利处境。

① 全国扶贫培训宣传中心:《中国特色扶贫开发案例选编与评析》,2014,第361—365页。

参与式扶贫将贫困主体纳入脱贫发展的整个过程，对贫困群体的赋权有着重要意义：一是增强了贫困群体的减贫动力和自我发展意识；二是在参与发展的过程中提高了贫困人群的能力；三是准确把握了贫困人群和贫困社区的真实需求，并在参与项目发展的过程中得以满足；四是贫困人群参与发展客观上增强了社区的凝聚力，解决了社区发展面临的问题。

（三）扶志扶智与赋权

贫困不仅表现为物质上的匮乏，也表现为精神上的困顿。反贫困领域的赋权不仅要求保障贫困人群基本生存的权利，同时也强调消除贫困人群的无力感，增强其能力。实际上反贫困与赋权之间有着相同之处，扶志可以消除无力感，扶智可以提升能力。习近平总书记在2018年打好精准脱贫攻坚战座谈会上的讲话指出："贫困群众既是脱贫攻坚的对象，更是脱贫致富的主体。要加强扶贫同扶志、扶智相结合，激发贫困群众积极性和主动性，激励和引导他们靠自己的努力改变命运，使脱贫具有可持续的内生动力。"①扶志主要扶的就是精神贫困人群的精神面貌，而扶起了精神面貌更有助于贫困人群实现脱贫目标。扶志的实质就是扶志气、扶精神、扶信心，针对没有脱贫意愿、脱贫能力弱、脱贫内生动力不足的贫困人群进行扶志，从精神和内在层面激发其脱贫意愿、增强其脱贫动力、提高其脱贫能力，从而改变其精神面貌。我国的反贫困实践非常重视"扶志"。《中国农村扶贫开发纲要（2001—2010年）》指出，要充分发挥贫困地区广大干部群众的积极性、创造性，自强不息，不等不靠，苦干实干，主要依靠自身的力量改变贫穷落后面

---

① 中共中央党史和文献研究院：《习近平扶贫论述摘编》，中央文献出版社，2018，第143页。

貌。《中国农村扶贫开发纲要(2011—2020年)》提出,加强引导,更新观念,充分发挥贫困地区、扶贫对象的主动性和创造性,尊重扶贫对象的主体地位,提高其自我管理水平和发展能力,立足自身实现脱贫致富。除了扶志外,扶智也是我国反贫困实践中的重要内容。扶智就是扶知识、扶技术、扶思路,帮助和指导贫困群众提升脱贫致富的综合素质。

教育扶贫是扶志扶智的重要手段。教育对于增长贫困人群的知识、提升贫困人群的技能、改变贫困人群的心态、阻断贫困的代际传递等发挥了重要作用。例如,海南开展的"巾帼励志班"就体现了扶志扶智的赋权理念。①2008—2009年,海南省针对农村女孩文化程度不高、务工技能不熟练、经济收入低、发展能力弱的状况,开展了巾帼励志班,以增强贫困家庭女孩参与经济社会发展的能力。巾帼励志班主要从以下三个方面来为贫困女孩赋权:一是开展励志教育。通过在学生中开展"国旗下的演讲""争做文明中专生"等活动,与南航部队子女通信连开展军民共建活动和开展"一帮一""手拉手"等活动,形成了创先争优的良好氛围,有助于学生树立正确的世界观、人生观和价值观。二是加强技能训练。开设了农产品保鲜与加工、酒店管理与服务、高尔夫球场管理、会计电算化、财务与超市收银等热门专业。注重技能训练,在组织学好规定课程的基础上,有计划地开展专业性勤工俭学活动。三是加强心理咨询。针对农村学生由于家庭困难而出现的心理压力较大、对未来发展缺乏信心的问题给出了一系列疏导方案,促进学员身心健康,帮助学员塑造健全完善的人格,培养学员积极向上的乐观心态。

① 全国扶贫培训宣传中心:《中国特色扶贫开发案例选编与评析》,2014,第44—47页。

（四）社会保障与赋权

社会保障与公民的基本权利密切相关。通过社会保障政策的实施，贫困者的基本权利得以实现，这是赋权的重要方式。社会保障主要通过社会保险和社会援助等方式实施。社会保险包括养老保险、医疗保险、失业保险等，可以为遭受风险的个人提供保护。社会援助主要是向那些无法工作或因收入低下而导致生活困难的群体提供帮助。社会保障关注公民的生计安全，并能够起到减缓贫困的作用。我国的反贫困实践尤其注重对贫困者的社会保障。1994 年，我国确立了“建立与农村经济水平相适应的社会保障体系”的目标。此后，我国逐步建立和完善了农村最低生活保障制度、新型农村合作医疗制度、贫困人群医疗救助制度、农村新型养老保险制度、农村“五保”供养制度等。农村最低生活保障制度将家庭人均纯收入低于一定标准的农村居民纳入保障范围，满足了贫困人群基本生活的需要。脱贫攻坚期间，国家又将完全或部分丧失劳动力，没有足够收入维持基本生存的贫困人群纳入低保，实现政策兜底脱贫。新型农村合作医疗制度是一种多方筹资，以大病统筹为主的互助共济制度。在缴费方面，针对建档立卡的贫困农户，政府给予部分或全额补助。此外，2003 年出台的《民政部 卫生部 财政部关于实施农村医疗救助的意见》又增加了对患大病的农村“五保户”和贫困户的医疗救助政策。新型农村合作医疗制度和医疗救助制度缓解了贫困人群看病难的问题，减轻了贫困农户的医疗负担，在一定程度上消除了农户因病致贫、因病返贫的风险。《中国农村扶贫开发纲要（2011—2020 年）》提出的总体目标是“两不愁三保障”，即稳定实现扶贫对象不愁吃、不愁穿，扶贫对象的义务教育、基本医疗、住房安全得到保障，再次确认了对贫困人群基本权利的保障。

此外，我国在具体扶贫措施中的就业扶贫、产业扶贫、教育扶贫等措施中都体现了保障权利、积累资源、增强能力等赋权的基本要素。总的来看，国内反贫困领域中的许多政策和措施都体现了赋权内容，只是以赋权为主题的反贫困研究还比较薄弱。

第四章　反贫困领域的社会工作

社会工作是在西方宗教与慈善事业的长期助人活动中发展起来的，现已成为应对社会问题、辅助社会建设的重要方法与手段。社会工作主张以人为中心，科学运用个案、小组、社区三大直接工作方法和社会行政间接工作方法，满足服务对象的需求。社会工作是一门指向专业实践的学科，它所介入和作用的群体与领域相当广阔，包括儿童、青少年、老年人、妇女、残疾人等服务对象，以及家庭、医务、学校和反贫困等服务领域。社会工作解危救难、缓解困难、激发潜能、促进发展的专业目标与世界反贫困的任务目标不谋而合，即社会工作运用专业方法，综合构建贫困人群的可行能力，解决贫困人群的问题。在各国的反贫困实践中，社会工作作为一支重要的社会力量，发挥着不可或缺的专业作用。

第一节　社会工作与反贫困的关系

回应贫困人群的需求一直是社会工作的核心目标。社会工作最初介入反贫困领域是为了应对欧洲和北美工业化市场经济中贫困问题带来的严重社会影响。20世纪初,社会工作者聚焦于基本的、非国家提供的社会服务和福利,力求为遭遇社会排斥的贫困人群提供专业解决方案。随着社会工作自身科学理论和实践方法的发展与完善,社会工作介入反贫困领域的空间逐步拓展。在反贫困领域中,社会工作在为贫困人群直接提供社会福利服务的过程中承担了重要的角色。

一、社会工作与反贫困的目标契合

社会工作与反贫困在实践目标和价值目标上具有契合性。社会工作最早起源于西方工业革命时期的济贫救困活动。18世纪,一些西方国家的工业化和城市化带来了生产力的极大发展,与此同时也引发了诸如贫困、饥饿、失业等大量的社会问题。为了应对大面积且日益严重的贫困问题,一些国家出台了相应的社会救济政策来缓解社会矛盾。王思斌指出,社会工作是秉承利他主义价值观,以科学知识为基础,运用科学的专业方法,帮助有困难的群体,解决其生活困境问题,协助个人与社会环境更好地相互适应的职业活动。① 从这个概念中可以看出,社会工作的目标是要帮助有困难的人群摆脱困境,使其能够适应社会环境。反贫困的目标同样包含了使困难群体(贫困人群)摆脱困境、适应环境、过上美好生活。两者的实践目标具有一致性。从价值目标来看,现代社会工作的价值目标是实现社会公平、创新管理体制、解决社会问题、化解社会矛盾、完善社会服务、促进人与社会的发展。社会工作强调助人自助,强调在助人的工作中协助服务对象提升摆脱

① 王思斌:《社会工作概论》(第三版),高等教育出版社,2014,第9页。

困境与发展自我的能力，使服务对象能够自我完善、自我发展和适应环境。[①]从反贫困的角度来看，反贫困不仅要满足贫困人群的基本生活需要，还包含了追求社会公平、解决社会问题、促进贫困人群和地区发展等内容。在反贫困过程中，追求贫困人群自身能力的提升和自由发展，这与社会工作助人自助的价值基础不谋而合。社会工作和反贫困都致力于帮助社会弱势群体走出困境，提升自身发展能力，更好地适应社会生活。

二、社会工作与反贫困的理论契合

专业社会工作经过100多年的发展，已经形成较为完整的服务体系和专业理论。社会工作理论是社会工作专业体系的重要组成部分，它以科学指导专业实践，并使专业实践更加具有权威性、科学性、实效性。社会工作理论不仅在社会工作的自身专业实践中具有重大意义，还在反贫困的实践中发挥了专业功能。从对贫困的解释来看，社会工作从社会系统、生态视角、社会建构、优势视角、人本视角、赋权视角等方面来寻求贫困背后的原因，以及寻求解决问题的方法。无论何种解释和判断，都将成为社会工作者帮助贫困人群走出贫困的理论基础。而这些理论视角与反贫困的实践相互契合。在反贫困的实践中，我们也非常强调运用综合的理论视角来看待贫困人群的贫困问题，以及采用综合的手段来消除贫困问题。在反贫困的过程中，我们不仅要关注贫困个体，更要关注与贫困个体产生互动的社会制

① 向德平、姚霞：《社会工作介入我国反贫困实践的空间与途径》，《教学与研究》2009年第6期。

度、社会结构、社会政策等方面的因素，并采取相应的应对措施。

此外，社会工作理论与反贫困理论之间也是互相促进的关系。大卫·豪(David Howe)将社会工作理论分为“为社会工作的理论”和“社会工作的理论”。[①] “为社会工作的理论”是指对社会工作所涉及的要素进行解释的理论，在社会工作领域中包括关于人和社会本质的理论、人类心理与行为的理论、人与社会关系的理论、社会制度的理论等。这些理论决定了社会工作反贫困实践的特点。而前文所提及的有关贫困的定义和类型的理论，如贫困恶性循环理论、低水平均衡陷阱理论、临界最小努力理论、贫困文化理论、贫困结构理论，以及结构转型的反贫困理论、福利转向的反贫困理论、权利和能力转向的反贫困理论等，为社会工作介入反贫困实践提供了理论基础，能够帮助社会工作者更好地理解贫困者及其所处的社会环境，从而支持社会工作介入反贫困的实践领域。

三、社会工作与反贫困的方法契合

社会工作以独特的介入视角、专业的助人方法、科学的技巧帮助贫困者，不仅有助于贫困问题的个性化、针对性、系统性解决，还有助于保障反贫困的服务成效。[②] 社会工作是专业性极强的助人职业，专业的方法在社会工作的实践过程中尤其重要，它直接影响到助人活动的有效性。

贫困人群的特殊性要求社会工作反贫困的方法具有针对性。社会工作有个案、小组、社区三大实务工作方法。个案工作是以个人和家庭为服务对

① 王思斌：《社会工作概论》(第三版)，高等教育出版社，2014，第 61 页。
② 李迎生、郭燕：《推动社会工作精准介入反贫困实践》，《中国人民大学学报》2018 年第 5 期。

象，为个人和家庭提供相应的支持与服务，增强其生存和发展能力的专业方法。个案工作是直接面对服务对象提供的助人服务，包括物质层面和精神层面的服务。物质层面的服务着力解决服务对象的基本生活困难，精神层面的服务着力改善服务对象的不良心理状态、社会人际关系等。而反贫困的实践方法也强调通过社会救济、发展生产、就业等来满足贫困人群的基本生活需求，同时还强调通过精神扶贫来改善贫困人群的精神面貌，让贫困人群增强摆脱贫困的信心、实现自我发展等。小组工作不仅能促进个人的成长，还能运用集体的力量来解决问题，特别是一些自助和互助小组，可以充分调动小组成员的资源来解决实际问题。在反贫困的过程中，贫困人群广泛参与的互助组织同样体现了小组工作的宗旨。例如，贫困互助小组可使贫困者在相互接纳、彼此支持中培养积极向上的生活态度、良好的社会人际关系和自我克服困难的能力。再如，资金互助组织可以调动组织成员的资源，为有发展意愿和发展需要的成员提供帮助。社区工作是社会工作者通过组织社区成员有序参与集体行动来界定社区问题和需求，从而有步骤、有计划地解决社区问题，促进社区进步的社会工作方法。社区工作强调社区参与，在解决社区问题的过程中增强社区居民的参与意识与发展能力。社区工作的目标包括任务目标和过程目标，既强调满足社区需要，解决实际问题，也强调促进社区能力的发展。贫困人群参与社区行动，也是一个重要的减贫路径。例如，在我国的反贫困实践中，社区被置于一个非常重要的位置上，从社区基础公共设施的建设，到社区精神文化活动的开展，再到贫困人群参与社区建设等，都体现了社区工作的特点。社区发展旨在发动全体居民自发地投入社区建设，促进社区经济、社会、文化协调发展。

第二节　社会工作反贫困的视角

反贫困是全球面临的共同难题。实践表明，反贫困是一项系统工程，需要社会中不同主体的共同参与。社会工作介入反贫困的实践可以追溯到17世纪初的英国，专门人员参与济贫工作以及其中蕴含的“助人自助”的理念都体现了社会工作的特点。社会工作介入反贫困与传统的济贫方式不同，社会工作强调从贫困人群自身的理论视角出发，为贫困人群提供专业服务。总的来看，社会工作介入反贫困的主要视角包括以下几种。

一、赋权视角

赋权概念在社会工作领域内的应用越来越受重视，赋权是社会工作实践的一个重要分支。早期的赋权理论重点强调解决与受排斥群体有关的社会正义、人类优势和社会适应等议题，以促进人们更为理性地认识现实生活条件，并采取相应的行动。赋权被视为受排斥群体增强他们自身能力和自我效能感的一种很好的方式。社会工作面对的群体多是社会上由于地位较低、缺乏生活或工作技能、缺乏知识或物质资源以及情绪管理能力等，因而无法令自己满意地扮演重要的社会角色，或者生存有困难的群体。其中部分群体受到早期负面生活经历的影响，产生了自卑心理，缺乏面对生活的勇气，缺少良好的社会关系，进而制约了他们对正常生活的追求。此外，也有部分群体在早期的生活经历中拥有相对优越的环境和发展资源，具备支撑他们追求更好的生活条件的能力和信心，但是在遭遇变故之后，面对直接或间接的权力障碍，他们的信心和能力会受到抑制。对贫困人群来说，选择和行动的自由以及对资源的控制能力都受到了严重的限制。

基于社会工作服务对象的背景，赋权旨在恢复服务对象对生活、环境、自身的信心，在当前所处环境中获得对自己生活的决定权和行动权，实现其人生规划，减少对服务对象作出决定、产生行动的社会性和个别性影响。赋权突出了个人能力建设的重要性，能够给贫困人群带来良好的自我价值感。大部分研究者认同赋权主要在三个层次进行：一是个人层次，聚焦于恢复个人的权力感，挖掘个人的潜力，使个人有能力应对困难和挑战。在为个人赋权的过程中，社会工作强调服务对象有作出选择和决定的权力，强调尊重服务对象的想法。二是人际关系层次，聚焦于个体与他人合作探索解决问题的方法，形成应对和处理问题的经验。社会工作者可以帮助服务对象形成社会支持网络，获得朋辈群体、家庭成员以及其他社会成员的帮助与支持。三是政治层次，聚焦于促成社会政策或政治层面的改变，在政策上为个人发展提供支持，进而推动社会变迁。

二、优势视角

优势视角是社会工作中一种新的工作理念。韦克（Weick）认为，传统社会工作关注的问题难以表达社会工作职业的一些基本价值观，难以体现个人尊严和价值的信念以及相信个人和集体力量的信念。因而，在传统社会工作的实践层面，社会工作者往往处于权威地位，而服务对象很难建立起更好生活的信心。优势视角致力于开发人们的优势，释放个人力量，使所有人都能最大限度地实现自我。实现这个目标需要遵循两个主要的价值观：尊重每一个人的价值和尊严,关心个体有机会实现其价值和成为对社会有贡献的人的潜力。①

优势视角有几个基本假设:一是人类有成长和改变的能力。个人和家庭有许多能力和长处,这种能力是其不断改变和治愈的动力。优势视角试图根据服务对象的优势来理解他们,包括系统地检查其生存技能、能力、知识、资源和愿望,然后以某种方式帮助服务对象实现目标。二是人们有能力来定义他们的处境,包括问题是什么以及潜在的和实际的解决方案。大部分情况下,服务对象面对巨大的挑战时,可以依靠自己已有的经验来理解自己的处境。社会工作者尊重服务对象的认知,鼓励服务对象定义自己的处境。三是人类是有复原力的。尽管存在各种各样的问题和功能障碍,人类仍能生存和茁壮成长。② 具有复原力的服务对象可能具有灵活性、适应性、移情能力,有良好的沟通技巧、幽默感和解决问题的能力,也可能具有强烈的独立意识、内在控制感、自我效能感、使命感等。

优势视角的社会工作重点在于帮助人们学会认识和欣赏自己的优点,而不是教人们如何解释自己的问题。在揭示人们的优势的同时,优势视角的社会工作以一种容易理解和有用的方式来构建这些优势。

优势视角强调对人们的积极属性和能力的欣赏,正如韦克所言,所有人都拥有天赋、能力、技能、资源和志向,也拥有未开发的、未确定的“蓄水池”,即心理的、身体的、情感的、社交的和精神的能力。一个人已经实现的积极

① Weick A et al. , “A Strengths Perspective for Social Work Practice,” *Social Work* 34, no. 4 (1989): 350 - 354.

② Early T J and GlenMaye L F, “Valuing Families: Social Work Practice with Families from a Strengths Perspective,” *Social Work* 45, no. 2 (2000): 118 - 130.

能力一旦被重视,这个人将更有可能沿着这些积极的方向继续发展。[①] 韦克进一步指出,利用优势视角开展工作时需要关注几个辅导原则:一是相信人们有能力决定什么对他们来说是最好的。人们有智慧作出满足需求的最佳选择,社会工作者可以帮助人们认识到这种能力,并有意识地利用这种积极的力量。二是相信人们会尽力而为。相信在复杂的环境中,人们会以更好的方式前进,即便局外人觉得他们的选择是错误的。[②]

社会工作者在反贫困实践中也常常运用优势视角的理念和方法。社会工作者相信贫困人群拥有利用自身资源来实现改变的能力,强调贫困人群的内在潜能,注重培养其应对困境的抗逆力,鼓励其发挥主观能动性改变所处的困境。同时,社会工作者也关注贫困人群所处的社会环境,努力从环境中寻求可以运用的优势和原生资源,促进贫困人群的行动。

三、生态视角

在生态视角下,人是被看作通过与其所处环境中的所有元素进行交换来进化发展的。生态视角将人与环境之间的相互作用视为互补的,认为人类具有适应性,并与环境中的所有元素不断交换。在适应过程中,人类和环境相互影响,人类在许多方面塑造着自己的环境,同时也必须适应由他们塑造的环境。[③] 适应过程不仅是生物的,而且是心理的、社会的和文化

①② Weick A et al., "A Strengths Perspective for Social Work Practice," *Social Work* 34, no. 4 (1989): 350 - 354.

③ Germain C B, "An Ecological Perspective in Casework Practice," *Social Casework* 54, no. 6 (1973): 323 - 330.

的。人类不断地创造新的社会环境，改变着自然环境，并不断适应环境的变化。适应可能是一种创造性的、主动的自我过程，而不仅仅是对现状的被动调整。适应过程并不总是顺利的，人与环境之间可能存在激烈的、破坏性的冲突，这种不适应过程可能会推动有机体和环境进入一种无序状态。①

社会工作非常关注服务对象对环境的适应性以及环境对个人的影响。吉特曼（Gitterman）在 1980 年出版了 *The Life Model of Social Work Practice*（暂译：《社会工作实践的生活模式》）一书，这是第一部将生态视角引入社会工作实践的著作。因为每个人都与环境相互作用，人类的需求和问题是由人和环境之间的交换引起的，所以社会工作者努力从个人所处的独特环境中理解和支持个人，并创造出一个特定的利于个人发展的环境。吉特曼认为，社会工作独特的功能和任务在于加强人们的应对方式，改善环境，使人们的需要和潜力与其所处的环境更好地匹配。专业行动的目的是帮助人们克服阻碍适应能力发展的障碍。② 当个人与所处的环境能够形成良好的互动时，将会增强各主体对环境的适应性，从而促进积极的可持续成长和发展。

生态视角为社会工作实践提出了新的要求：社会工作实践要建立在对个人与环境之间的内在关系的认识基础上，社会工作者必须深入了解个人与环境之间的交互适应性。当个人与环境交互适应时，个人的潜能就有可

① Germain C B, "General-Systems Theory and Ego Psychology: An Ecological Perspective," *Social Service Review* 52, no. 4 (1976): 535 - 550.

② Gitterman A and Germain C B, "Social Work Practice: A Life Model," *Social Service Review* 50, no. 4 (1976): 601 - 610.

能被激发并促进自身的发展；当两者的交互适应较低时，个人将会产生压力感和不安全感，个人和环境的资源都不足以维持个人发展的需要。社会工作干预的目的是提高个人和环境之间的适应度，既要求从个人层面出发，通过提升服务对象的生活体验和正面关系来增强其信心和能力，发挥主观能动性，帮助服务对象应对环境性压力，又强调对服务对象所处环境的干预，减少和消除环境带给服务对象的不利影响。

当贫困人群缺少对环境的影响力，无法从环境中获取发展的资源和支持时，个体与环境的发展就会失衡，相互之间的适应度就会降低。社会工作介入反贫困时，重要的着力点是调适个体和环境的关系，既要增强贫困人群适应环境的信心和应对环境压力的能力，也要为贫困人群提供良好的发展环境，例如营造发展的文化氛围、构建广泛的社会支持网络等。

四、社会发展视角

为了应对社会福利与经济发展之间的矛盾，一些学者在社会福利的供给中引入了发展的观点，发展的观点为传统的社会福利模式提供了一种可行的替代方案。发展的福利与传统的剩余福利模式和制度福利模式不同，它试图确保社会项目对经济发展作出积极贡献。发展观点寻求确定对经济发展有积极影响的社会干预措施，即通过倡导对经济发展有积极贡献的社会干预，而超越传统的以补救和维护为导向的社会计划。发展视角强调社会福利方面的支出对经济增长的推动作用，社会发展强调生产主义，这使它能够在动态的增长和变革过程中提高人民的福利水平。20 世纪 70 年代，一些研究者开始宣传发展方法。例如，强调社会福利与经济发展的协调，强调

“伴随着增长的再分配”“大众参与”等，并继续强调社会项目在促进经济发展中的作用。梅志里(Midgley)强调社会发展与经济发展的联系，将其定义为“一种有计划的社会变革进程，其目的是在经济发展的动态过程中促进整个人口的福利”。[①] 发展视角的重点是为了社会所有成员的利益，使经济和社会发展一体化，避免使贫困人群边缘化。梅志里同时指出，发展观点有三个规划要求：一是必须作出正式的组织和体制安排，以便把社会和经济政策结合起来；二是经济发展倡议必须对公民的社会福利产生直接影响；三是社会政策必须超越传统的以消费为基础的补救办法，对经济发展作出积极贡献。促进经济发展的三种社会干预方式是培养人力资本的项目、促进社会资本的项目、创造生产性就业和自主就业的项目。[②] 这三种发展的社会干预超越了传统的福利模式，在提供社会福利的同时，有助于经济发展。

社会工作是社会福利的传递者和实践者，社会工作在促进社会福利的实践中也非常注重发展视角，特别是在发展中国家，社会工作者帮助服务对象培育人力资本、社会资本，强调通过职业教育和就业安置等方式来改善服务对象的生活困境，这从本质上来讲就是一种发展的方法。社会工作介入反贫困时，运用发展视角去看待问题，可以形成大局思维，对于推动贫困地区的经济和社会整体发展有着重要意义。例如，社会工作者通过培育贫困人群的人力资本和社会资本，增强了贫困人群自身应对贫困的能力，不仅完善了社会福利政策，还能增强经济发展的内在动力。具体来看，社会工作者运用发展视角，可以在个人层面帮助贫困人群争取更多机会，积聚资本，提

①② Midgley J and Livermore M, “The Developmental Perspective in Social Work: Educational Implications for a New Century,” *Journal of Social Work Education* 33, no. 3 (1997): 573 - 586.

升个人功能；在社区层面链接社区资源和外部资源，构建社区发展能力；在政府层面可以更好地落实政策并及时获取人们对政策的反馈，协助完善各项社会政策，促进社会发展和经济增长。

第三节　社会工作介入反贫困的主要领域

社会工作介入反贫困实践的领域非常广泛。社会工作的缘起与贫困问题存在着密切的关系，社会工作不仅关注对贫困人群的基本救济，也关注如何增强贫困人群的生存能力。社会工作介入反贫困的主要领域集中于妇女、老年人、残疾人、儿童等脆弱群体的反贫困活动，这些群体是社会工作服务的重点对象，与社会工作关注社会弱势群体的传统相一致。

一、贫困与妇女社会工作

美国学界于20世纪70年代提出“贫困女性化”的概念，开始了对妇女贫困问题的系统化研究。贫困女性化是全球关注的问题，它是指妇女在法律、社会和经济权利方面的地位低于男性的社会现象。1980年，在哥本哈根召开的第二次世界妇女大会曾指出，妇女完成了世界上约1/4的劳动量，她们生产了世界上45%的食物，但她们仅获得世界收入的1/10。1995年，在北京召开的联合国第四次世界妇女大会指出，当时世界上10亿多人生活在令人无法接受的贫困状况下，其中大多数是女性，多数在发展中国家。[①] 研究者普遍认为，“贫困有一张女性的面孔”，意思是妇女受社会性别的影响，面

---

① 闫广芬、袁继红：《妇女社会工作》，天津大学出版社，2010，第208页。

临着广泛的不平等，在家庭、市场、社会中均处于从属地位，从而导致其贫困。妇女是严重贫困的受害者，主要表现在以下三个方面：第一，男女性别不平等，妇女没有得到其应得的权利，也没有发挥其能力，这使妇女与男性相比明显处于不利地位，容易陷于贫困；第二，妇女在生育方面花费的时间比男性长，其挣的钱少于男性，对经济权力的掌控也就低于男性；第三，文化、法律和劳动市场等因素限制了女性的社会地位和社会流动，其摆脱贫困的能力也受到制约。

妇女贫困是由多方面的因素造成的，其中既有宏观的社会层面的因素，也有微观的个体层面的因素。从社会层面来看，社会环境对妇女贫困的影响深远，主要体现在文化环境、制度环境、社会结构等方面。如社会分配方式、社会保障制度等缺乏对妇女的保护，使得妇女在社会生活中处于边缘地位，进而使其陷入贫困。从个体层面来看，妇女在生理、个人资本和思想意识方面的局限性是其陷入贫困的主要影响因素。如生理上健康状况欠佳、疾病影响等易使其陷入贫困；思想上性别平等意识缺乏、发展意识不足、参与意识薄弱等也影响其摆脱贫困。妇女贫困造成的影响也是多方面的：其一是对自身的影响，主要表现为妇女遭受贫困带来的不良体验，以及对自我发展的制约；其二是对社会发展的影响，妇女贫困加剧了贫困的代际传递和恶性循环，影响了社会公正和可持续发展。

妇女社会工作是指以妇女为服务对象的社会工作，是为妇女在参与政治、经济、社会、文化和家庭生活过程中遇到的群体或个体问题而展开的社会服务性工作，其目的是为女性的全面发展创造有利条件和社会环境。[①] 妇

① 王思斌：《社会工作概论》(第三版)，高等教育出版社，2014，第 219 页。

女社会工作的理论基础包括女性主义、马克思主义妇女观、社会性别理论、社会支持理论等，其专业方法包括个案工作、小组工作和社区工作三大直接方法，通过这些方法为妇女提供涉及亲子、婚姻、家庭、就业、健康、反贫困等方面的社会工作服务。具体而言，妇女的个案工作涉及婚姻辅导和单亲家庭辅导、夫妻关系和亲子关系调适、家庭暴力危机干预等。小组工作包括妇女减压小组、社交小组、成长小组、亲子沟通小组等。社区工作涉及针对妇女的社区活动和主题讲座活动，包括家庭运动会、社区亲子活动、益智游戏比赛等，以及亲子教育、情绪管理、孕期健康等主题讲座。

针对妇女的贫困问题，最常见的社会工作介入视角是女性主义视角。男女两性生理上的差异，传统文化中的男尊女卑思想等成为妇女在社会生活中被排斥的重要因素。被边缘化的妇女在经济生活中处于劣势地位，仅能掌握较少的资源，获取较少的经济收入，在家庭生活中处于从属地位，其基本权益遭到剥夺，妇女自身的发展受到限制。在女性主义视角下，社会工作者主要关注女性贫困的社会根源，即关注女性在生活领域内遭遇剥夺和歧视、职业机会上的弱势地位，聚焦于女性特殊需要的辨识、女性多样性的体验和境遇。

西方女性社会工作的普遍干预策略是女性赋权，力图消除女性与男性不平等的社会根源。在发展中国家，对贫困妇女赋权的干预策略虽然也可以指导妇女反贫困，但值得注意的是，由于各国妇女贫困的实际问题不同，且妇女意识觉醒程度的不同，因而干预策略也应该有所不同。例如在中国，当前妇女社会工作主要关注的是家庭暴力、留守妇女、婚姻危机等问题，而对于非洲的妇女社会工作，男女平等宣传、妇女思想解放、妇女就业机会则是关注的重点。总的来看，妇女社会工作的赋权干预策略是缓解妇女贫困的重要方法，通过赋权，可以增强妇女的反贫困能力、抵御市场风险的能力，提高妇女的综合素质，改善妇女的经济状况。

社会工作介入妇女反贫困的实践大致包括三个方面：一是为妇女提供服务，解决妇女的实际困难；二是关注妇女的权益，解决妇女在政治、经济、文化等方面的权益保护问题；三是聚焦妇女的发展，倡导性别平等与公正机制的建设。这些介入领域可以帮助贫困妇女解决实际困难，并且逐步消除妇女贫困问题的根源。

二、贫困与老年社会工作

近半个世纪以来，人口结构的老龄化是世界人口发展的一个重要趋势。老龄化来势凶猛且老龄人口规模巨大，导致养老问题成为国际性的社会问题。老年人是极易陷入贫困的群体，具体表现在以下几个方面：一是老年人受到生理因素的限制，逐步退出经济领域，缺少稳定持续的经济收入，无法抵抗风险；二是老年人的社会参与减少，社会资源流失，逐步丧失了对自身生活的掌控能力；三是老年人的社会角色转变，社会功能发挥不足，情绪变得低落，容易导致精神疾病。此外，社会养老观念落后、家庭保障不稳定、国家社会保障制度不完善、社会养老服务体系不完善也是导致老年人贫困的因素。老年人口的贫困问题是社会工作关注的重要议题。

老年社会工作是指受专业训练的社会工作者在专业的价值理念指导下，运用社会工作的理论和方法，为在生活中遭受各种困难而暂时丧失社会功能的老年人解决问题，使其摆脱困境，同时推动更多的老年人在晚年获得进一步发展的专业服务活动。[1] 老年社会工作的对象既包括特殊老龄群体，如“空巢”（独居）老人、残疾老人、困难和高龄老人，也包括一般的健康老人。老年社会工作的理论基础包括社会撤离理论、连续性理论、社会定型理论等。老年社会工作方法包括老年个案工作、团体工作、社区工作和老年社会行政等。社会工作可以为老年人提供社会救助、社会照顾、认知和情绪处理、社会支持网络建构等服务，以及解决虐待老人、老人自杀、临终关怀等特殊问题。

由于中西方社会结构、文化背景、传统观念、老年人赡养方式等存在差异，因而老年社会工作的内容也不尽相同。西方一些福利国家把提高老年人口生活质量和完善老年人口服务网络作为其福利目标之一。第二次世界大战后，西方老年社会工作目标转变为挖掘潜能、提倡互助、争取合法权益，对老年人口的赋权也成为社会工作帮助老年人口走出困境的主流干预策略之一。在中国，有关部门主要从引导建立新型养老观、增强老年人口的个人权能、修复社会支持网络、完善社会养老政策等视角帮助老年群体缓解危机。一是改变中国传统的子女养老观念，增强老年人口对养老新政策的了解，从而改变老年人口传统的养老思想。二是培养老年人口的个人权能意识和养老能力。三是重建老年人口的社会支持系统，同时构建正式和非正式的社会支持网络。四是倡导完善社会保障政策，改善老年人口社会保障不足的现状。

针对老年人口的贫困问题，社会工作的行动重点应包括以下几个方面：一是加强健康服务，提高生活质量；二是加强能力建设，增强老年人自身活

---

① 范明林、张钟汝：《老年社会工作》，上海大学出版社，2006，第 6 页。

力;三是加强家庭服务,增强家庭保护功能;四是促进社会融入,增强社会资本;五是积极链接资源,完善社会保护。① 除此之外,老年社会工作应注重对老年人口的贫困预防,增强其抵御风险的能力。

三、贫困与残疾人社会工作

受到生理因素的制约,残疾人在教育、就业、婚恋等方面和正常人相比明显处于劣势,其在社会层面机会的缺失,容易使其陷入无权和贫困境地。残疾人贫困主要表现在以下方面:首先,残疾人个体身体正常功能的缺失,使其无法从事正常的社会工作和享有同等的社会经济权利,导致缺少相应的经济收入,因此残疾人常常处于无权感和低自我效能感之中。其次,家庭成员在照顾残疾人的过程中承受了经济、身体、精神上的负担,影响了家庭生活的质量,甚至出现家庭破裂等问题,导致残疾人在家庭层面的支持弱化。最后,残疾人在社会生活中处于边缘地位,缺乏社会参与的机会而被排除在正常的社会活动之外。

残疾人社会工作是社会工作者帮助残疾人补偿自身缺陷、克服环境障碍,使他们平等地参与社会生活、分享社会发展成果的专业活动。② 残疾人社会工作是帮助残疾人过上正常生活,摆脱无权致贫困境的重要方式。残疾人社会工作的理论视角包括供养理论、多维理论、回归社会理论、增能理论等。残疾人社会工作主要从两个层面开展:一是个人层面,主要帮助残疾人解决生活中的实际困难,缓解残疾人因生理缺陷导致的心理压力,提升残

---

① 关信平:《"后脱贫时代"的贫困老年人服务》,《中国社会工作》2019 年第 28 期。
② 王思斌:《社会工作概论》(第三版),高等教育出版社,2014,第 236 页。

疾人的自我效能感等;二是社会层面,主要帮助残疾人回归社会,保障残疾人的合法权益,为残疾人提供必要的社会服务,增强其社会适应能力。具体的专业服务活动主要包括康复工作、特殊教育、劳动就业和社会适应等。

西方国家的残疾人社会工作大多以社区为依托,注重充分调动和利用社区内部资源,赢得社区居民的参与和支持,整合社会各方的资源力量,补偿残疾人自身缺失的功能,使其正常地参与社会生活。残疾人社会工作的主要工作模式是社区照顾,专业的社会工作者和志愿者服务队伍共同为残疾人提供服务。近些年来,西方社会试图将“赋权”融合到福利制度中,其核心内容为平等和无障碍,以更加积极的福利方式满足残疾人的需求,这种理念已经成为世界范围内残疾人社会福利的新共识。我国的残疾人社会工作主要从三个方面提供服务:首先,聚焦生活保障,满足残疾人的基本生活需要,为其提供医疗、康复等方面的服务。其次,保障残疾人的权益,促进残疾人的社会融入,如保护残疾人受教育的权利、工作权利、参与社会生活的权利等,不断提升残疾人的自身能力。最后,提高为残疾人服务的质量和效益,改善残疾人的公共服务基础设施,形成理解、尊重、关心、帮助残疾人的良好社会环境。

针对残疾人的贫困问题,社会工作可以从微观、中观和宏观三个层面介入。微观层面主要聚焦于残疾人个人困难的解决和能力的提升。例如:以个案工作方法为残疾人提供专业辅导,消除残疾人的心理压力,激发残疾人的潜能;为残疾人提供照料服务和医疗护理等服务,解决生活困难;为残疾人提供就业知识和技能培训,挖掘工作机会,链接社会资源等。中观层面主要聚焦于为残疾人营造社会参与和社会融入的环境和氛围。如以小组工作法建立残疾人互助小组，帮助残疾人获得群体经验和社会支持网络，恢复和增强其社会功能，使其更好地融入社会，同时在社区层面营造社区融入的氛围，获得广泛的社会支持。宏观层面主要聚焦于完善残疾人的基本福利制度，保障残疾人的社会权益，提高残疾人的社会救助水平等。

四、贫困与儿童社会工作

自20世纪90年代以来，儿童贫困已经成为社会科学和社会工作研究的一个重要主题。儿童贫困是指生活在贫困中的儿童被剥夺了成长和发展所必需的物质和精神资源。这种剥夺导致儿童不能享受其权利，不能充分发挥其潜力，不能作为社会成员充分而平等地参与社会生活。1959年，联合国大会通过了《儿童权利宣言》，明确了儿童应当获得保护、教育、保健、住所和良好营养的权利。1990年，世界儿童问题首脑会议通过了《儿童生存、保护和发展宣言》，以保护儿童的生存和发展权利。然而在一些国家和地区，儿童贫困问题仍然非常普遍。世界银行的研究报告显示，与2013年前后的情况相比，2015年全球贫困人口中0岁至14岁儿童所占的比例更高；在2015年至2018年期间，全球贫困人口中儿童的比例增加了1.4%。2018年，全球贫困人群中有一半是15岁以下的儿童。[①] 儿童贫困问题尤其在撒哈拉以南的非洲和发展中国家最为突出。

儿童贫困主要体现在三个方面：一是剥夺，即缺乏儿童发挥潜能所需的物质条件和服务。例如，贫困儿童家庭难以负担基本医疗保健和营养而导

① World Bank, *Poverty and Shared Prosperity 2020: Reversals of Fortune*. (Washington D. C.: World Bank, 2020), p. 89.

致儿童的健康出现问题。二是排斥，即儿童经历了不公正的待遇，尊严、话语和权利被否定，生存受到威胁。三是脆弱性，即儿童没有社会能力去应对生存和威胁。[①] 马格努森（Magnuson）等从家庭与环境压力视角、资源与投资视角和贫困文化视角分析了贫困对儿童的影响，认为贫困家庭面临的巨大经济压力会给贫困儿童的父母带来不良情绪，这种不良情绪发泄到子女身上，对贫困儿童的发展不利；由于贫困家庭拥有的资源有限，对孩子投资较少，因此贫困家庭儿童的身心发展落后于富裕家庭的儿童；身处贫困亚文化的父母会将他们的价值观和行为方式随着时间的推移逐渐传播给下一代。[②] 总之，贫困家庭的儿童不仅资金匮乏、食物匮乏、住房困难，还缺乏心理和行为教育，并伴有家庭控制力差、意识水平低等不利因素，可能导致未来的心理和行为问题，也可能延续贫困的代际传递。

社会工作者对儿童的关注由来已久，从最初的儿童社会救济发展到如今积极的儿童保护和儿童福利。在儿童社会工作领域内，贫困儿童也是社会工作者关注的重点。社会工作者在为贫困儿童提供补偿和支持方面发挥着巨大作用。社会工作者对贫困儿童提供的服务主要集中于贫困儿童和贫困儿童家庭层面。[③] 在贫困儿童层面，社会工作者不仅考虑为贫困儿童提供直接的援助，还考虑贫困儿童的自我实现和发展。国外研究者将贫困儿童设想为其自身生活实践中的社会行动者，尊重贫困儿童作为具有充分社会

① 秦睿、乔东平：《儿童贫困问题研究综述》，《中国青年政治学院学报》2012 年第 4 期。

② 玛丽亚·康西安、谢尔登·丹齐革：《改变贫困，改变反贫困政策》，刘杰、金晶、曹姗姗译，中国社会科学出版社，2014，第 83—85 页。

③ Rahn P and Chassé K A, "Children in Poverty in Germany: Reflections on Recent Social Work Research," *Journal of Social Work Practice* 23, no. 2 (2009): 243 - 252.

参与权利的主体的地位。例如,为贫困儿童提供融入社会的机会,开办日托中心和学校,为他们联系体育俱乐部、青少年团体或文化团体等课外活动组织。在这些组织中,贫困儿童与同龄人互动,可以加强贫困儿童与同伴群体的社会联系。在贫困儿童家庭层面,社会工作者向家庭提供有效的支持,例如为贫困儿童家庭提供经济援助和儿童托养、教育服务,改善家庭生活的基本条件等。同时,社会工作者倡导保护贫困儿童家庭的社会政策,例如劳动力市场和就业政策、家庭政策、教育政策、保健政策和社会住房政策等。

第四节　社会工作反贫困的实践策略

关注贫困问题是社会工作的传统。但是随着社会工作向专业化、职业化方向的发展,这一传统又被逐步淡化。在美国、英国等西方发达国家,社会工作对贫困的关注却并不强烈,似乎为生活在贫困中的个人提供服务并不受欢迎。例如,英国的社会工作者并不认为贫困是造成其他困难的中心因素,也没有把工作重点放在减轻贫困上。而美国的社会工作服务和生活在贫困中的家庭的需求并不适配,社会工作者在服务过程中没有考虑社会经济、文化等因素,而是更多地考虑服务对象的心理或家庭因素。以色列社会工作委员会确定了多个专业领域,包括保健、康复、与社区合作、妇女、老年人、家庭、儿童和青年以及心理健康等,但没有强调社会工作应该在反贫困领域中发挥作用。造成这种现象的原因可能有以下几种:一是贫困在社会工作实践中是一个常识性的问题,服务对象处于贫困中是一种常见现象,不需要单独给予关注;二是社会工作者认为应对贫困并非真正的专业社会工作,为贫困人群提供物质援助并不能体现社会工作的专业性;三是社会工作者认为自己没有足够的能力应对贫困问题,因为在他接受的社会工作教育中很少涉及反贫困意识、反贫困知识和应对贫困的能力。事实上,在社会工作的实践中,虽然其服务对象并非完全是生活在贫困中的人,但是服务内容大多涉及贫困问题。

一、社会工作介入反贫困的层面

社会工作自创立以来,长期致力于解决贫困问题。在英国,20 世纪 90 年代,几乎所有得到社会工作者帮助的都是贫困人群,解决贫困问题被提上了社会工作者的议程。国际社会工作者联合会明确地在社会工作者职业道德规范中指出了社会工作在减轻贫困方面的作用,以及对贫困人群的帮助。但是在具体的反贫困领域内,对于社会工作应该在什么层面介入却存在争议。有研究者认为,社会工作者从事社会福利工作的范围不是在个人或家庭层面进行干预,而是通过旨在促进社会变革的宏观层面的干预来解决贫困问题,针对贫困家庭或个人的干预措施仅仅解决了微观层面的贫困问题。① 在具体服务内容方面,社会工作介入反贫困既包括个人或家庭层面的服务,也包括组织协调、资源链接、政策倡导等内容。总体来看,反贫困领域的社会工作就是将贫困者视为服务对象,运用专业社会工作方法帮助贫困者走出困境的活动,其内容包含以下几个层面。

① Krumer-Nevo M, Weiss-Gal I and Monnickendam M, "Poverty-Aware Social Work Practice: A Conceptual Framework for Social Work Education," *Journal of Social Work Education* 45, no. 2 (2009): 225 - 243.

（一）个人或家庭层面

社会工作实践的功能主义和个人主义模型，将贫困视为个人或家庭问题的结果。因此，反贫困领域的社会工作重点要放在个人或家庭层面。在微观层面解决贫困问题是社会工作介入反贫困的重要内容，需要社会工作专业方法的综合运用。从具体的方法来看，在个人或家庭层面的介入较为常用的是个案辅导和团体工作的方法。个案辅导是直接为贫困者个体所提供的助人服务，包括物质生活和精神生活方面的服务。例如，为遭受困难的贫困个人或家庭争取基本的生活援助，提供心理辅导，重建贫困个人或家庭的社会支持网络，为贫困个人或家庭提供就业机会等。个案辅导遵循以下方法：（1）与贫困者建立专业关系。在这个过程中，社会工作者要综合运用社会工作理论知识和专业方法与贫困者建立信任关系。（2）社会工作者要对贫困者的需要和问题进行准确评估，评估内容包括贫困个人或家庭的背景和所处环境。（3）与贫困者共同订立服务计划、干预方式并进行总结与探讨。（4）促进服务计划的实施，通过使贫困者参与行动来改变其贫困状态。

（二）社区层面

社会工作除了从个人或家庭层面介入反贫困领域外，在社区层面开展工作也是一个国际传统。有学者呼吁，社会工作介入反贫困应从传统的个人或家庭层面过渡到社区层面，甚至可以将个人层面的干预整合到全球社会经济层面的系统工作之中。社区层面干预的理想结果是一个有能力解决问题的、有活力的社区能够为社区居民提供高水平的福利。19世纪末，英美等国家贫富差距拉大，社会问题加剧。在此社会背景下，各种民间组织自发开展改变社会不平等的睦邻组织运动。睦邻组织运动首创了以社区服务为主要内容的社区服务机构和社区组织工作方法，注重利用社区内的资源，注重居民参与精神的培养，将社区活动与社会工作结合起来，置于社区服务中心的指导之下。睦邻组织运动以整个社区为工作对象，并以促进全面的社会福利水平提高为目的。第二次世界大战之后，许多新兴国家面临着经济发展缓慢、贫穷、饥饿、疾病、失业等一系列问题。在此情况下，一种运用民间资源发挥社区自助力量的构想应运而生。贫困社区发展强调参与、合作、互助、核心人物培训等，在方法上注重教育和组织的作用。许多发展中国家的减贫项目中多有社区发展的要义。社区发展旨在发动全体居民自发投入社区建设，加快落后地区的经济与社会协调发展。

社区层面的介入非常看重社区项目规划、社区参与和综合培训。一是社区项目规划。各国反贫困的各种项目规划中，非政府组织和社会工作者很多参与了设计并实施，在反贫困规划中发挥了重要的作用。以社区为单位的综合发展项目，大多是在当地进行具体设计的。社会工作者深入社区基层，了解居民的问题与需要，甄别贫困家庭、确定贫困对象，与居民共同讨论社区项目规划。在这个过程中，工作人员十分重视居民的认知和感受，根据他们的切实需要，确定改进与发展的方向。二是社区参与。参与是贫困人群能力建设的重要路径。贫困者既是社会工作的服务对象，也是重要的资源，是社会工作介入反贫困的基础。“以贫困者为中心”这一核心价值使得社会工作者极为重视贫困者的参与，这是目前各国反贫困实践的共同趋势。社会工作者注重鼓励与激发贫困者的自信心，为其参与社区活动创造条件，促使其参与到反贫困活动的过程之中，成为主体参与者。这种参与机制的构建是以不断加强贫困者的能力建设为前提的。三是综合培训。

综合培训在反贫困计划中非常重要，培训对象不仅限于贫困人群，也包括项目规划者、执行者、社会工作者等。综合培训可以提高社区的发展能力，促进社区项目的实施，从而达到反贫困的目标。社区工作专业方法伴随着贫困问题而生，随着时代的变革，也必将成为解决贫困问题的一种制度化方式。

（三）社会政策层面

与社会工作实践的功能主义和个人主义不同，结构主义者将贫困视为结构性现象和对人权的侵犯。这种方法将贫困置于排斥、歧视和不平等的更广泛的背景下，它并不关注贫困如何导致行为和情感疾病，而是更注重与贫困的关系表征相关联的权利侵犯方面的问题。① 琼斯（Jones）认为，往往是贫困以及与之相关的社会和政治影响、资源的缺乏共同侵害了贫困者的生活和福利，削弱了他们的能力。在资本主义社会中，贫困通常意味着社会地位低下、无力、生活选择受限，以及在住房、教育、就业、健康和休闲方面存在大量相互关联的不利因素。② 政府有关社会保障、税收抵免和就业的社会政策对贫困有直接影响。事实上，社会福利申请的对象大多数是贫困人群，因此福利设定的水平和其包容性对贫困有重要的影响。社会工作者处于应对贫困影响的第一线，因而他们必须认识到社会政策的重要性和其在减少贫困方面的作用。社会政策需要关注导致贫困和社会排斥的不利因素，如

① Krumer-Nevo M, Weiss-Gal I and Monnickendam M, "Poverty-Aware Social Work Practice: A Conceptual Framework for Social Work Education," *Journal of Social Work Education* 45, no. 2 (2009): 225 - 243.

② Jones C, "Poverty and Social Exclusion," in *Blackwell Companion to Social Work* (2nd ed.). ed. Davies Martin (Oxford: Blackwell, 1997). pp. 7 - 18.

健康状况不佳、残疾、失业、缺乏教育等。如果将贫困视为结构性不利因素的影响，那么有关人员就需要在政策领域内采取行动，例如完善就业政策、教育政策、医疗政策、住房政策等。社会工作在政策方面的影响包括两个点：一是政策倡导。历史上，社会工作者一直是弱势群体社会福利的倡导者，通过政策倡导增强社会对贫困人群的关注，推动针对贫困人群的社会政策的构建和完善。二是政策传递。社会工作和社会政策之间有着共同的目标和原则，社会工作是社会政策执行层面的一部分，可以通过社会政策的实践来满足贫困人群的福利需求。

二、社会工作反贫困的实践策略

（一）运用综合干预方法

社会工作介入反贫困倾向于采取综合干预的实践方法。从理论来看，社会工作在反贫困实践中综合运用赋权理论、优势视角理论、自我心理学理论等来指导实践。从方法来看，社会工作三大直接实践方法均可以在反贫困中运用，特别是社区工作方法能够覆盖较大数量的贫困人员，不仅对贫困个体的减贫具有直接作用，对消除贫困个体所处社区的整体性贫困也具有重要作用。运用综合干预方法，可以帮助贫困人群缓解经济上的困难、获得发展机会、增强权能感，从而达到助人自助的减贫目标。

以以色列为例，1996 年以色列对“社会工作者”这一称谓的使用提供了国家认可的管辖权，要求社会工作者和社会工作机构经理都必须进行社会工作者注册，并具有社会工作专业相关学位。随着时间的推移，社会工作行业的专有领域在不断扩大。大多数社会工作者享有较高的专业自主权，并受雇于由社会工作者领导的服务机构。此外，以色列的社会工作者也广泛地在其他社会服务机构中工作，包括国家服务机构、私人服务机构和非营利性部门等。社会工作者从事的工作包括个案管理、风险人群保护、物质援助、经济发展、社区发展、个案宣传、劳动力市场整合、个人和家庭咨询和团体工作等。从事反贫困工作的社会工作者认为，不应将贫困视为个人病理，应该从广泛的社会经济背景来理解贫困，将贫困视为一种与政策、社会结构相关的政治和社会现象，如贫困者在住房、教育、就业和保健等领域中的社会机会有限。因此，社会工作介入反贫困将寻求增加社会机会和实现贫困者的社会权利，而不是将贫困的原因归咎于服务对象。此外，社会工作者评估了贫困对日常生活的影响，认为社会工作不应该满足于经济困境的狭隘定义，还要扩大到包括社会机会（健康、教育、住房等）的匮乏和象征性资本的匮乏（遭到排斥、蒙受耻辱、缺乏发言权等），有必要准确地评估贫困如何影响资源的可用性以及服务对象的心理感受和生活体验。社会工作者认识到可以通过个人战略和社会战略来达到干预目标，例如倡导个人权利、获得必要的资源、在就业方面的积极援助，以及社会宣传、政策实践和促进社区经济发展等。在具体的干预实践中，关心个人福利，帮助贫困者恢复社会功能，从社区层面鼓励地方领导组织居民积极参与社区价值观的推广、服务规划，以及新服务的发起和建立，摆脱经济困境等。①

（二）提升贫困者的行动意识和能力

很多贫困者依赖性强，缺乏主动寻求帮助的意愿，对接受帮助的期待较

---

① Krumer-Nevo M, Weiss-Gal I and Levin L, "Searching for Poverty-aware Social Work: Discourse Analysis of Job Descriptions," *Journal of Social Policy* 40, no. 2 (2011): 313 - 332.

低。社会工作者在充分了解贫困者无力、无助心理的基础上，对其进行赋权增能，使他们能够靠自己的能力摆脱贫困，也能有效阻断贫困文化的代际传递。为贫困者赋权增能是社会工作介入反贫困的重要组成部分。社会工作者在为贫困者赋权增能的过程中注重提高贫困者的行动意识。除了关注贫困者的基本需求，社会工作者还通过与贫困者开展小组合作，鼓励他们发表个人和集体的意见，并支持通过社会行动、社区发展、权利倡导、游说和其他技术进一步采取集体行动，以改变对贫困者产生不利影响的社会环境。

以巴勒斯坦为例，20 世纪 20 年代中后期，一小部分巴勒斯坦妇女在当时的魏玛共和国接受社会工作培训，这就成为巴勒斯坦社会工作的实践发端，她们为贫困者建立了第一个正式的社会福利服务机构。1931 年，巴勒斯坦部分社区建立了社会工作部，它强调依靠自己的能力，指导有需要的人，而不是向他们提供资金。专业的社会工作者通过咨询、指导等形式向有需要的个人提供生产性援助。1932 年，耶路撒冷社会福利部门建立，该部门由一名社会工作调查员领导，强调改变受助者过去的依赖习惯，只为那些无法养活自己的人提供建设性的援助。巴勒斯坦的社会工作为反贫困创造了一种新的话语：旨在教育人们成为积极的公民，锻炼身体，对自己负责，只接受在极端情况下国家给予的支持等。在巴勒斯坦社会工作介入反贫困的实践中，社会工作者将贫困者视为“积极的穷人”，他们可以在外部的援助下更好地管理自己，同时通过充分利用贫困者的现有资源改变他们的行为。在具体的服务对象方面，社会工作者将重点放在个人和家庭上，主要帮助人们查明无法适应现有社会秩序和无法在社区中发挥建设性作用的根源，使用情感、专业知识和经验，为服务对象提供建议。

（三）参与反贫困方案设计与实施

参与反贫困方案的设计与实施是社会工作在发展中国家实践的重要特征。社会工作者与政府部门或慈善基金会合作，全程参与反贫困项目方案设计与实施，旨在从基本生存到能力发展等方面全面改变贫困人群的生活现状。例如，智利团结(Chile Solidario)反贫困计划的出台和实施，社会工作者在其中发挥了重要作用。

2002年，智利政府在世界银行的支持下实施了智利团结反贫困计划。智利团结是一种对极端贫困家庭的社会保护体系，它将援助和技能发展结合在一起，目标是让无法获得应有社会福利服务的极端贫困家庭获得保障。2002年至2006年，智利贫困地区约22.5万户家庭参加了该计划。该计划主要包括对贫困家庭的个性化心理社会支持，有保障的货币补贴以及贫困家庭优先参与社会促进项目等。该计划设定了79项最低条件，受助者必须满足其中至少13项条件才能参与该计划，这些条件涉及住房、就业、教育、卫生和家庭等多个方面。社会工作者参与了该计划的制定和实施，他们综合运用社会资本、社交网络、危机干预等社会工作的理论模型进行了计划的评估和设计。在计划的实施阶段，社会工作者主要参与了以下工作：一是开展家庭访问和咨询。家庭访问项目为期24个月，社会工作者为贫困家庭提供信息和积极的实际指导，帮助他们确定和申请符合条件的服务，告诉他们如何利用现有的计划和服务。二是为贫困家庭提供社会心理支持，旨在帮助赤贫家庭达到可接受的生活标准。接受心理社会支持的家庭应在身份认同、保健、教育、家庭生活、住房、工作和收入等方面达到53项最低条件的要求。三是保障符合条件的家庭获得货币补贴和其他各类补助。参加该计划的家庭在5年的时间里可以每月获得一笔现金转移，在最初的24个月里，补贴从每月26美元逐步下降到每月14美元。在此后3年中，受益人将获得每月13.5美元的退出补助金。四是社会工作者定期开会，监督该计划的进展情况。① 智力团结反贫困计划取得了一定的成功，使赤贫人口获得了公共社会服务，并使他们产生了改善其生活条件的意愿。但是该计划也存在局限，参与者家庭虽然在教育、医疗、住房等方面获得了改善，但是在实际收入方面的增长却不明显。

（四）为贫困者链接各种资源

在反贫困实践中，社会工作者的一个关键角色是资源链接者。社会工作者可以链接的资源通常来源于政府部门、社会救助组织、社区等。例如，印度社会工作者参与反贫困的项目中就体现了这种链接资源的特征。长期以来，印度由于干旱而导致了部分地区的贫困。在最为贫困的地区，农民主要依靠自然降雨来灌溉农作物。为了缓解这种因自然灾害带来的贫困，NM Sadguru水和发展基金会（以下简称Sadguru基金会）在印度干旱地区实施了灌溉项目，满足干旱地区农民种植作物过程中对灌溉用水的需求。Sadguru基金会的两位创始董事都拥有社会工作硕士学位，他们有一支由20名社会工作者和30名灌溉工程师组成的团队。该基金会的负责人为每个村庄分配了两名社会工作者，社会工作者开展的工作主要包括以下四个方面：一是社会工作者与社区成员讨论，评估他们对灌溉用水的需求。二是社会工作者鼓励农民成立自己的灌溉合作社，并协助农民建立了社区一级

① Carneiro P, Galasso E and Ginja R, "Tackling Social Exclusion: Evidence from Chile," *The Economic Journal* 129, no. 617 (2019): 172－208.

的合作社。合作社也建立了自己的构架，成立了委员会，两名社会工作者担任合作社的顾问。三是链接资源为村庄修复灌溉取水点，在社会工作者和工程师的合作下完成对这些取水设施的修复。四是社会工作者对社区成员进行培训，以便他们能够更好地管理灌溉项目。该项目由社会工作者来实施，体现了参与式扶贫的理念，不仅提升了社区成员作出改变的意识，增强了他们的自信和能力，也在一定程度上解决了当地的水资源匮乏问题。社会工作者在其中发挥了资源链接者的作用。1997 年至 2008 年，Sadguru 基金会从政府机构处筹集了 146 万美元，从国际赞助者处筹集了 70 万美元，这些资金对于解决印度最贫困的干旱地区水资源匮乏问题起到了推动作用。

社会工作起源于通过慈善活动和社区发展来改善贫困人群问题的尝试，大多数社会工作服务的使用者是贫困者。从发达国家的反贫困实践来看，贫困虽然是社会工作者思考并努力解决的问题，但是在政策层面，并没有单独将社会工作者作为解决贫困问题的重要主体。社会工作被定位为提供更广泛的社会服务以增进人民福祉的活动。社会工作在反贫困的实践中取得了一定的成效，但是也遇到了各种挑战。综合来看，这些挑战主要包括以下四个方面：一是社会工作介入反贫困的效果受到怀疑。贫困人群可能存在对社会工作的不理解和不信任，更愿意接受来自正式组织和机构的援助；社会工作介入反贫困通常指向致贫的个体原因，而无力突破致贫的结构性障碍。二是可能出现社会工作者与服务对象之间的权利关系不对等的现象，服务对象在各方面处于弱势地位，从自我意识到行动能力方面都存在一定缺陷，较难建立起平等合作的专业关系。三是社会工作介入反贫困的受益群体存在局限。社会工作的直接实践方法决定了其只能为少数的贫困个体提供服务,而不能覆盖较大范围的贫困人群。四是社会工作者自身对反贫困的认识不够。虽然社会工作的缘起与济贫活动有关,但是在一些社会工作发展较为成熟的国家,反贫困反而成了社会工作服务的边缘领域。

第五章　赋权在反贫困社会工作中的应用

第一节　赋权与社会工作

一、社会工作中赋权的发展

追溯社会工作发展的历史进程，我们可以发现，社会工作从产生以来，赋权是其重要的理念。社会工作的赋权实践在17至18世纪西方发达国家应对社会问题的过程中就已经出现，如英国政府于1601年颁布了《伊丽莎白济贫法》，确认国家有解决贫困问题的责任，并规定要由专门人员从事济贫救助活动，救助人员的专门化为社会工作职业化奠定了基础。这个阶段的实践，除了为贫困者提供必要的救助，也强调贫困者自身的责任和能力发展，这实际上体现了社会工作“助人自助”的赋权理念。无论是社会工作的产生缘起，还是其价值观以及专业方法，都体现出了通过赋权提升服务对象能力的价值追求。赋权取向的社会工作实践的产生经历了一个从量变到质变的过程，是历代社会工作者和哲学思想家们智慧的结晶，具有必然性。

20世纪60年代至70年代,美国学者所罗门首次确认了社会工作中的赋权概念。所罗门发现,受助者权力的获取存在直接障碍和间接障碍。直接障碍是由主要社会机构的某些代理人造成的,间接障碍表现为某些负面评价被受助者纳入个人的发展经验中。此后,各种取向的社会工作很快就融入了赋权的观点,赋权成为社会工作实践中的重要组成部分。

巴西教育家弗莱雷(Freire)是社会工作中赋权思维的主要贡献者。他将批判性思维转化为社会工作理论,他的赋权方法是以团体和社区为导向的对话方法,这种赋权方法促进了批判性思维和行动的发展。批判性意识和对话是帮助人们思考、交谈和行动的关键方法。自20世纪80年代末以来,赋权作为社会工作的一种话语已经发生了变化,由过去强调反压制转向强调能力因素。在社会工作领域中,赋权意味着将人们从身体的、法律的、道德的、精神的束缚中解脱出来。赋权被视为个人、团体或社区控制其环境、行使其权力和实现其自身目标的能力,以及他们以个人和集体的方式帮助自己和他人最大限度地提高生活质量的过程。有研究者指出,赋权是一个人作出有效选择的能力以及将选择转化为预期行动和结果的能力。赋权受到个人能动性和机会的影响。个人能动性受到心理、信息、组织、物质、社会、经济和人力等因素的影响;个人机会受到法律、各种管理框架和规则以及社会行为和社会规范的影响。[①] 从个人层面来看,社会工作可以帮助那些在个人、人际交往方面受到压制的人解放自我、实现自我的潜能。个人赋权

① Adams R, *Empowerment, participation and social work* (New York: Macmillan International Higher Education, 2008), p. 17.

的缺乏是由几个因素造成的，包括经济上的不安全感、缺乏政治经验、无法获得信息、缺乏批判性和抽象思维方面的训练、身体和情感上的压力、习得性无助等。从团体层面来看，团体工作对赋权实践至关重要。赋权是一种结果，也是一个过程，它主要来自对同伴的认可和对共性的感知。我们可以将赋权实践想象为互助、支持和集体行动，旨在帮助人们解决看似棘手的系统问题。团体可以聚焦于增强意识、帮助个人、社会行动、社会支持、技能和能力的发展，以帮助面临压制的成员获得平等和正义。① 从社区层面来看，赋权是使社区活跃起来的过程和结果。

西蒙(Simon)对美国社会工作赋权的传统进行了梳理，重点介绍了19世纪90年代至20世纪90年代初的美国社会工作，指出美国赋权取向的社会工作实践经历了三个发展阶段。②

第一阶段是1893—1917年。这一时期，美国正经历工业化和劳工运动，许多社会问题(如阶级、种族、性别问题等)开始暴露出来。与此同时，赋权实践开始在美国出现，主要表现在以下方面：提供具体的社会性支持；社会工作者教授服务对象所需要的特定技巧；主动邀请并鼓励服务对象积极参与整个介入过程；链接信息资源，其他的社会机构开始给民众提供机构信息、研究发现、移民规定等信息。

第二阶段是1917—1945年。受到第一次世界大战和第二次世界大战的巨大冲击，美国经济严重下滑，失业人数剧增。面对这样的国情，罗斯福上任后开始在美国实施新的政策，这给赋权取向的社会工作带来了新的发展

① Lee J A B, *The Empowerment Approach to Social Work Practice (Second Edition)* (New York: Columbia University Press, 2001), pp. 30 - 37.
② 陈树强：《增权：社会工作理论与实践的新视角》，《社会学研究》2003年第5期。

机遇。社会工作者作为政策倡导者向美国政府提出了实施永久性和全面性的福利制度的建议。这一建议得到了积极的回应：政府通过了有关母亲和儿童健康的法案、成立了黑人社会工作学校；社会工作者还倡导服务机构应尽可能设立在邻近地区或工作场所，便于服务对象的接近和使用。

第三阶段是1945—1994年。第二次世界大战之后，美国不仅面临着经济发展问题，同时社会秩序也需重建，旨在解决劳工问题、保障经济弱化与政治边缘化影响下的公民权益的福利制度因执政党的执政理念和政府财政负担能力的制约而无法完全实施。在全球化和社会多元化的双重影响下，赋权取向的社会工作开始由强调服务对象自决向强调集体行动的社区发展转变，其表现为：第一，强调回应服务对象需求的重要性，社会工作者要尊重和鼓励服务对象发挥主动性来解决自己面临的问题；第二，鼓励服务对象参与建立同辈网络，借助同辈网络的力量摆脱弱权的心理状态，争取公平对待、社区发展以及自尊心的建立；第三，强调机构的工作重心在于促进和维持改变，提升服务对象适应社会的能力，使服务对象最终成为自己命运和机会的掌权者。

二、赋权与社会工作的关系

（一）赋权体现了社会工作的价值理念

社会工作专业价值中的自决、尊重、助人自助等价值理念与赋权之间是相互契合的。赋权理论认为，服务对象经历过全面而深切的无力感，导致其处于当前的不利情况。社会工作相信每个人都有能力、有机会对自己的生活作出决定。社会工作者在服务过程中强调服务对象自决，引导服务对象确认自己的问题和问题背后的原因以及服务的目标，并选择适合自己的服务。这个过程实际上就是赋权的过程，让服务对象增强对自身生活的控制感。赋权中对于个人潜能和主动性的强调，不仅是为了增强服务对象的权力感，而且在一定程度上反映了对服务对象自决权的尊重。赋权理论与社会工作专业价值中的尊重理念也是契合的。赋权理论提到的社会工作者与服务对象的伙伴关系，本质上就是尊重的一种体现。伙伴关系意味着社会工作者与服务对象的平等，这样不仅能够减小社会工作者与服务对象之间的权力差异，而且使得服务对象感觉自己受到尊重，有利于对其赋权并解决他们面临的问题。此外，社会工作强调的助人自助的价值理念，也与赋权有着深层的逻辑关联。助人自助理念不仅是社会工作的核心理念，同时还是社会工作的宗旨和目标。助人自助强调不断挖掘服务对象的潜能，增强服务对象的社会适应能力，最终让服务对象有能力解决自身的问题。赋权是助人自助的一种体现。赋权理论研究者认为，每个人都有权力和潜能，无权或者弱权的地位可以被改变。赋权的目标与过程很好地体现了社会工作中助人自助的理念。赋权强调帮助个体或群体摆脱环境的压制，解决面临的问题，体现了“助人”理念，而强调激发个体或群体的内在潜能，提高他们获取社会资源和改善生活状况的能力，使他们能更加积极地面对生活，则反映了“自助”理念。

（二）赋权是社会工作干预的本质

社会工作者在干预过程中扮演着赋权者的角色。社会工作者坚持这样一种理念，即通过提供教育、资源和知识，可以给服务对象的生活带来积极的变化，从而形成良好的社会环境。这一理念与社会工作者的立场相吻合，即为受压制的人赋权。赋权被看作当今社会工作者的主要技能和责任之一，已成为社会工作实践和政策的中心主题。[①] 从本质上来看，所有的社会工作都关注权力和社会正义，社会工作的综合方法是解决造成个人和社会问题的结构性不平等的重要手段。

社会工作的干预过程体现了根深蒂固的赋权传统。西蒙认为，在美国社会工作史上，每一代思想家的背景、语言和意识形态中都蕴含着强大的赋权传统。西蒙将赋权传统的"必要元素"描述为经营者与客户的合作伙伴关系，强调优势和能力，对人和环境的双重关注，对客户权力和责任的承认，以及对历史上被剥夺权力的群体的关注。她认为，任何未能与服务对象一起对抗个人贬低和消除人类生活的外部结构性障碍的赋权实践都是不合格的。[②] 从社会工作的发展历史来看，社会工作关注的对象、关注的焦点问题和实践过程都体现了赋权的意识。

赋权是社会工作追求社会正义的重要方式。社会工作学科关注各种社会问题的前沿，虽然社会工作服务的是整个社会，但其主要关注的是边缘人群，追求的是社会正义。社会正义是社会工作的核心价值目标。美国社会工作协会（NASW）制定的道德准则指出，社会工作者应与弱势和受压制的个人和群体一起，努力追求社会变革，应对贫困、失业、歧视和其他形式的社会不公正问题。其中赋权实践和社会倡导是社会工作者可以发挥作用的两种方式。两者都是社会工作实践中的重要概念，都可以在风险社会中帮助

① Fisher R, "Political Social Work," *Journal of Social Work Education* 31, no. 2 (1995): 194 - 203.

② Lee J A B, *Empowerment Tradition in American Social Work: A History* (New York: Columbia Press, 1994), pp. 328 - 329.

个人、群体和组织逐步重新掌握自己的命运。① 赋权实践是社会工作干预的重要方式，可以有效改善个人、家庭和社区的处境，而从广义上来看，社会倡导是社会工作者代表处于弱势地位的群体，为他们争取权益的干预手段。因此社会倡导实际上也体现了赋权的理念。

（三）赋权是社会工作实践的基石

权力是社会工作实践中的一个核心要素，因此我们需要将服务对象赋权置于社会工作实践的中心。在社会工作实践中，我们应将社会工作的主要功能定义为赋予人们能够作出选择并控制其环境的能力。社会工作的独特性和其实践原则只有在将赋予权力作为其领域的重要工作内容的情况下才能实现。可以说，赋权是社会工作实践的基石。

专注于增加服务对象权力资源的社会工作实践需要将方向从以个人为中心转向以环境为中心。如果问题是由人与环境之间的互动引起的，社会工作者在工作过程中就应该关注服务对象的社会背景，以确定其可以被改变的程度和改变后的结果。米德曼（Middleman）和戈德堡（Goldberg）提出的社会工作实践的结构方法是赋权实践的开始。他们认为，社会工作者的主要功能是帮助人们与所需资源联系，协商问题的处理办法，改变不合理的社会结构，因为这些结构可能限制了人的功能。② 赋权理论的基础是，人们改善生活的能力取决于他们控制环境的能力，即拥有权力。无权导致失去

---

① Joseph R, "Poverty, Welfare, and Self-Sufficiency: Implications for the Social Work Profession," *Journal of Poverty* 23, no. 6 (2019): 505 - 520.

② Middleman R and Goldberg G, *Social Service Delivery: A Structural Approach* (New York: Columbia University Press, 1974), pp. 26 - 27.

控制和负面的自我评估。赋权至少在三个层面上发生：一是赋权必须发生在社会工作者—服务对象层面，并着眼于改善服务对象的权力资源；二是赋权必须发生在组织层面，通常旨在利用该机构的权力优势来满足服务对象的需求；三是赋权必须发生在政策层面，以便服务对象能够影响政策的制定。

在社会工作实践中，增加服务对象权力资源的策略可能包括：增加服务对象利用机构权力资源的机会和能力，例如，向服务对象提供有关机构及其资源的更多信息，培养服务对象在机构中维护和主张自身权利的意识；增加服务对象处理其需求的知识以及相关专业知识；提高服务对象的个人技能等。社会工作者可以利用自己的权力资源为服务对象提供服务，如信息、专业知识等，帮助服务对象获得所需的福利或服务；倡导在政策层面的变革以增强服务对象的权力资源。

三、社会工作中赋权的实践框架

在社会工作实践中，赋权是一个相当复杂的体系，目前并没有统一的实践框架。以下主要介绍几种有代表性的赋权实践框架。

亚当斯的社会工作赋权框架在社会工作研究领域内较有代表性。亚当斯在吸收其他赋权研究者观点的基础上提出了一个社会工作赋权的实践框架。他使用同心圆来表示赋权活动的不同层次，由内至外分别为自我赋权、个体赋权、团体赋权、组织赋权和社区赋权。

自我赋权是指人们掌控自己的生活。对于服务对象来说，赋权意味着恢复他们被剥夺的权力，让他们对自己的生活有更多的控制权，能够影响他人并带来改变。几乎每一种自我帮助、自我指导、自我发展和自我教育的方法都蕴含了赋权的意义。在社会工作者赋予其他人权力之前，也需要自我赋权。社会工作者自我赋权需要做到以下方面：有一个公认的价值基础、对个人情况的不平等或压制性特征的分析、有解决不平等和压制性特征的明确战略、具备可借鉴的相关领域的专业知识储备、获得学习资源以发展其他基本专业技能、开放的合作风格、服务提供者与服务对象赋权之间的紧密契合。亚当斯进一步指出，社会工作者自我赋权的第一步是评估和规划，包括明确自我赋权的起点，明确个人的学习方式和个人档案，制定自我赋权计划。第二步是行动，包括实施自我赋权计划、消除自我赋权的障碍和评论、进行自我反思、处理不平等问题、自信、自我实现和成长。①

个体赋权是人们试图发展克服心理和智力障碍的能力，并获得自决、自给自足和决策的能力。个体赋权可能包含了自我决定、掌控、自我效能感、批判意识、影响、能力等核心概念。

亚当斯认为，团体能够为个体提供支持，降低个体被孤立的风险，并提供促使个体的技能得到发展和锻炼的环境。他提出了团体赋权的过程：开始、维持和发展，其中包括发起活动、持续实施工作、结束团体活动或承担更广泛的活动等。

组织赋权的目的是让组织更有效率并能够提高为他人赋权的能力。组织赋权可能的手段包括处理结构性的权力与歧视，加强团队合作关系，采用民主化的工作方式，改变组织的文化等。

社区赋权是一种旨在"刺激社区发展自身能力"的方法。社区赋权包含

① Adams R, *Social Work and Empowerment* (*Third Edition*) (New York: Palgrave Macmillan, 2003), p. 40.

赋权机构和赋权社区等方面的内容，在社区赋权的过程中可以综合采用不同方法，包括与社区服务对象合作、让服务对象参与咨询、减少不平等、培育组织领导、发展社区教育等。

此外，亚当斯提出了社会工作在赋权实践中的七条行为准则[①]：(1) 社会工作者应该坚持致力于发展赋权的方法，与受到各种形式压制的人们一起工作；(2) 社会工作者和服务对象应该通过一个共享的赋权过程来工作，这个过程至少包括计划、一起工作、自主工作和评估所完成的工作；(3) 服务对象应该为自己代言，在可能的情况下为自己赋权；(4) 社会工作者应在可能的情况下，协助服务对象表达自己的经验、看法和愿望，并作出自己的选择；(5) 社会工作者和服务对象应该共同努力实现赋权；(6) 社会工作者和服务对象应该能够最大限度地利用不同赋权领域；(7) 社会工作者应继续致力于赋予服务对象权力以改变他们的环境，而不仅仅是帮助他们适应环境。

法洛(Fallot)等针对受虐妇女的创伤恢复提出了创伤恢复和赋权模型(Trauma Recovery and Empowerment Model，TREM)，以解决妇女遭受虐待后造成的认知、情感和人际关系方面的长期问题。[②] 该模型采用一种支持性的技能培养课程，允许成员承认虐待的影响，同时集中精力培育服务对象的技巧，增强其现有的优势，以应对当前的生活事件。创伤恢复和赋权模型基于四个核心假设：(1) 目前的一些功能失调行为或症状可能起源于对创伤的合

① Adams R, *Social Work and Empowerment* (*Third Edition*) (New York: Palgrave Macmillan, 2003), p. 183.

② Fallot R D and Harris M, "The Trauma Recovery and Empowerment Model (TREM): Conceptual and Practical Issues in a Group Intervention for Women," *Community Mental Health* 38, no. 6 (2002): 475 - 485.

理应对;(2) 在童年时期经历过多次创伤的妇女被剥夺了发展应对某些问题的必要技能的机会;(3) 创伤性事件,特别是虐待,会切断一个人与家庭、社区的核心联系,并最终切断一个人与自我的核心联系(包括对自己的感觉、思想和行为的意识中断);(4) 屡次遭受虐待的妇女感到无力和无力为自己辩护。

以上这些假设形成了模型的三个部分,即赋权、创伤教育和技能建设,确定了 11 个技能发展领域:自我意识(识别身体和动机状态并以清晰的方式将这种意识传达给他人的能力);自我保护(识别、避免或管理潜在有害情况的能力,并建立安全和可管理的人际界线);自我抚慰(管理和减少痛苦和受伤感觉的能力);情绪调节(控制情感状态和表达的策略);关系上的相互性(参与一种相互满足人际需求的能力);准确地标记自己和他人(使用准确的词语来标记自己和他人行为的能力);能动性和主动性(视自己为行动和主动性的主要来源的能力);解决问题(结合认知、情感和社交技巧来解决个人和人际关系问题的能力);可靠的养育(以可靠的方式满足受抚养子女需要的能力);具有使命感和意义感(以适当的方式积极寻求和满足自己的需求,并在更大的背景下看待自己行为的能力);判断和决策(基于思想、感觉和感知形成可靠判断并使用这些判断作出有益决定的能力)。

在处理创伤相关症状和恢复技能方面,创伤恢复和赋权模型融合了以下几种已被证明在其他干预措施中有效的技术。(1) 认知重组。创伤通常会导致对自我和他人的消极看法,许多认知行为方法建议摆脱这种消极的思维模式,并提供更多的适应性选择。创伤恢复和赋权模型团队的领导者使用认知重构技术来挑战对自我(应受责备的自我、有罪的自我、可耻的自我、被污名化的自我、无能为力的自我)和对世界(其他人被视为危险的、不值得信任的、剥削的、控制的)的刻板的、过度的负面思维。(2) 技能培训。对于长期受创伤影响而导致自我管理能力和人际交往能力减弱甚至丧失的个体来说,自我抚慰、自信训练和情绪调节等领域都是治疗的重点。创伤恢复和赋权模型提供了讨论和练习全面恢复技能的机会。(3) 心理教育。创伤恢复和赋权模型使用心理教育方法来开展有关讨论,包括关于虐待的定义和影响、创伤与心理症状或情绪症状之间的可能关系、创伤和药物使用之间的可能关系等。(4) 朋辈支持。创伤恢复和赋权模型小组涉及重要的同伴支持,相互支持往往是消除羞耻感、疏离感和孤独感的一剂良药。(5) 可控制的披露。披露发生在群体成员讲述他们受虐历史的特定方面,包括创伤事件、创伤事件的影响以及成员的反应和应对方法。

从以上的赋权框架可以看出,亚当斯的赋权框架更具有借鉴意义。一是该框架更符合社会工作者的职业性质,也更能体现赋权的内涵;二是该框架采用的是一种综合赋权的方法,而不仅仅局限于某种赋权方式。

第二节　赋权在反贫困社会工作中的应用

一、赋权理论在社会工作中的运用

自 20 世纪 70 年代赋权取向的社会工作实践诞生以来,赋权理论在社会工作实践中不断完善与发展,尤其在妇女社会工作、老年社会工作等领域内的应用较为广泛。

20 世纪 90 年代以来,赋权是女权主义者和社会工作从业者使用的词语中最新颖的一个。在后现代主义时代,随着对女性身份和其在公共领域作用的探索，女权主义者建议对女性与男性之间的差异重新进行积极的评估。他们还建议把女性从“被压制的受害者”转变为积极有力的角色来构建女性。这些想法对社会工作实践产生了深刻的影响。在女性赋权方面，社会工作可以发挥重要作用。赋权对女性来说是一个特别有吸引力的策略，可以帮助那些被劳动力市场排斥的女性、被虐待的女性、离婚的女性以及有色人种女性等各类人群摆脱困境。女性赋权是世界范围内广泛研究的议题，在社会工作的实践发展中，女性赋权也是重要的工作方向。女性是社会工作长期以来关注的服务对象。女性在生理层面、心理层面和社会层面都遭受着来自不同方面的歧视、排斥和权利剥夺。女权主义者认为，女性较低的地位源于性别不平等，是由政治、经济和社会权力失衡导致的。他们鼓励女性尽可能地寻求权力，表达愤怒，建立自信和自我效能。①

针对不同的妇女，社会工作者可以采用不同的赋权方法。针对贫困的妇女，社会工作者可以从团队合作入手，通过团队合作增加妇女的自我效能感，在团队中互相帮助，促成妇女形成权力感；也可以基于社区层面，促进女性的参与和合作，提升其行动能力，如在社区层面建立基层妇女团体，促进女性参与社区发展项目等社区活动；还可以推动妇女的集体行动，妇女联盟和基层组织在促进妇女集体行动方面发挥着至关重要的作用；可以为女性要求政治化创造空间，推动重新分配权力（而不仅仅是资源）的政策，并对公共机构施加压力，让它们更能响应女性的需求。② 针对遭受家庭暴力的妇

① Turner S G and Maschi T M, “Feminist and Empowerment Theory and Social Work Practice,” *Journal of Social Work Practice* 29, no. 2 (2015): 151 - 162.

② Miles L, “The Social Relations Approach, Empowerment and Women Factory Workers in Malaysia,” *Economic and Industrial Democracy* 37, no. 1 (2016): 3 - 22.

女，社会工作者可以从个体、社区和社会三个层面来赋权。在个体层面，社会工作者通过与受暴者进行沟通，运用心理辅导的技巧，帮助其释放压力，鼓励受暴者运用法律武器来保护自己的合法权益。在社区层面，社区机构可以通过一定的渠道及时宣传报道反施暴的法律和分享救助案例，让受暴女性懂得如何运用自身的力量维护合法权益，也可以建立妇女受暴者避难所、法律保护中心等，并鼓励妇女参与。在社会层面，可以淡化和消除对受暴女性的“标签”意识，同时要完善社会工作救助管理体系，提高救助的层次，社会工作者也可以通过倡导政府制定防治家庭暴力的法律和成立反家庭暴力委员会等，给受暴者提供救助和保障。①

老年人赋权也是社会工作的重要领域。老年人社会工作有两个主要分支：照顾老年人和应对老龄化。照顾老年人是从微观层面为老年人提供直接服务，应对老龄化是从宏观层面解决老年人面对的社会问题。老年人由于生理机能衰退、竞争力减弱、权益保障不足而处于困境之中，容易被社会上的其他群体所排斥。世界卫生组织提出的“老龄友好城市”标准，为老年人赋权提供了有益的参考。例如，认识到老年人独特的能力和资源，对与年龄有关的需求和喜好作出灵活的预测和回应，尊重他们的决定和对生活方式的选择，保护那些最脆弱的人，促使他们融入社区生活的各个领域，并鼓励他们对社区生活作出贡献。社会工作可以在微观、中观和宏观层面对老年人进行赋权，解决老年人面临的问题。在微观层面，社会工作者可以运用个案或者小组工作方法帮助有较强无权感的老年人。在此过程中，社会工

① 岳天明、孙祥：《我国受暴女性的赋权增能与社会工作救助》，《学习与实践》2017 年第 1 期。

作者充当老年人的合作伙伴，聆听老年人的谈话，为老年人提供可以联络的人际资源，激发老年人的潜能，鼓励其重新树立参与社会生活的自信。在中观层面，社会工作者引导老年人认识社区中可利用的资源、服务，为老年人建立起社会支持网络，也可以与社区合作开办老年人服务机构，满足其在物质生活、精神生活等方面的需求。在宏观层面，社会工作者可以倡导积极的社会政策，发挥政府的主导作用，鼓励非营利组织在为老年人服务中发挥作用，提倡为老年人提供维权服务优待，让他们享受便利、优质、高效的法律服务等。①

随着社会工作的发展成熟，赋权逐步从对特定群体的关注延伸到对社会弱势群体的全面关注，甚至开始关注在社会工作机构中工作的社会工作者的自身赋权。不少研究者认为，社会工作者的赋权实践应该从自身开始，只有当社会工作者自身拥有为服务对象提供服务的权力、能力和资源等时，对服务对象的赋权才能真正发生。此外，从赋权领域来看，赋权在反贫困社会工作中也得到广泛应用。在发达国家社会工作济贫的实践起源中，助人自助的济贫方法中就蕴含了赋权的理念，如帮助贫困人群减少对政府救济的依赖，帮助贫困人群驱动潜能、实现自我发展等。

二、反贫困社会工作赋权的相关视角

赋权是反贫困社会工作的重要理论视野，赋权的实践过程也充分借鉴了其他理论，各种理论呈现融合发展的态势。其中，能力视角、优势视角、系统视角、社会参与等理论都为赋权提供了启示。

① 王丽群：《增权理论视角下老年社会工作介入研究》，《法制与社会》2016 年第 4 期。

(一) 能力视角与赋权

能力视角与反贫困社会工作中的赋权实践联系最为紧密。国际社会界定贫困的三个层次中就包含了能力层次。研究者发现,在反贫困的实践中,仅仅依靠增加个体收入和满足其基本需求并不足以改变个体的弱势边缘地位,"能力"才是制约其发展的关键因素。能力贫困的认知在 20 世纪 90 年代得到进一步强化。世界银行在 1990 年将贫困定义为缺少达到最低生活水准的能力。联合国开发计划署在 1996 年的《人类发展报告》中提出了基本生存的能力、健康生育的能力、接受教育与获得知识的能力等能力指标。森围绕贫困与发展问题发表了一系列具有影响力的论著,其在《以自由看待发展》一书中构建了基于能力的新发展观,并创造性地提出了"可行能力"的概念。森的可行能力概念提出之后,研究者围绕其解释框架逐步丰富了能力贫困理论。森认为有必要把注意力集中在若干对生存和尊严至关重要的核心能力上,如良好的营养状况、良好的健康状况、良好的受教育程度和自尊等。[①] 努斯鲍姆在《妇女与发展》一书中列举了 10 种主要的人类能力,包括生存能力、身体健康、身体完整、判断力、创造力和思考能力、感情、实践动机、与社会建立良好关系、消遣、对个人环境的控制能力等。努斯鲍姆话语体系中的能力实质上可以概括为三个方面,即物质方面、精神方面和政治方面。对比森和努斯鲍姆对能力贫困维度的解释可以发现,森的能力概念主要聚焦于真实的或有效的机会;努斯鲍姆的能力观更注重人的技能和人格特质。20 世纪 80 年代以来,能力视角成为社会工作的重要理论之一。该视角要求社

① Malloy T H, "National Minorities between Protection and Empowerment: Towards a Theory of Empowerment," *Journal on Ethnopolitics and Minority Issues in Europe* 13, no. 2 (2014): 11 - 29.

会工作者立足于发现、寻求、探索和利用服务对象的能力和资源，协助他们学会运用自己日常生活中的成功经验来实现梦想，面对生命中的挫折和不幸，抗拒社会主流的控制。①

审视能力视角的贫困理论，可以发现，反贫困的能力视角与赋权的内在逻辑是相通的，能力是赋权中的关键因素之一。总体来看，"权"与"能力"具有内在一致性。权实质上是个体或群体拥有控制外界和实现有价值生活的能力，当个体拥有了权，就具备了相应的自我效能感和行动能力；"无权"与"能力贫困"具有内在一致性。无权意味着缺乏控制外界和实现有价值生活的能力，其重要原因在于个体或群体缺乏必要的资源和机会，而对发展机会的剥夺也是森的能力贫困理论的一个重要解释因素；"赋权"与"反能力贫困"具有内在一致性。赋权和反能力贫困的终极目标都在于实现个人的发展自由，这一共同目标主要通过挖掘潜力、提供机会和制度支持这三种方式实现。

（二）优势视角与赋权

优势视角和赋权都关注服务对象的自身优势，两者具有共通性，可以互相促进，互相补充。优势视角认为，服务对象不仅带来问题，也能带来资源，如果干预是建立在培养服务对象的优势的基础上，当他们的优势被识别和开发时，他们就会被视为专家，就会非常有动力去改变。优势视角强调社会工作者的实践要从服务对象现有的资源入手，然后将其充分利用。优势视角促使社会工作者将问题视为生活的挑战，将焦点转移到服务对象的优势

① 姚进忠：《个人和家庭能力的整合：单亲家庭社会工作介入方法》，《南京人口管理干部学院学报》2013 年第 1 期。

而不是他们的弱点上，并激励他们向前看，创造一个更光明的未来，而不是反思他们悲惨的过去。[①] 从赋权的角度来看，许多研究者认为贫困者无权的重要原因可能在于自身缺乏必要的资源或机会，也可能源于贫困者自身长期受到贫困亚文化的影响而产生的无力感或自我效能感的低下。

基于此，在反贫困社会工作中，为贫困者赋权可以借鉴优势视角的观点。一方面，在为贫困者赋权的过程中要充分认识到贫困者内化的无力感，从心理赋权的层面改变贫困者的身心状态。事实证明，在反贫困社会工作的实践中，单纯的贫困救助并不能为贫困者的生活带来实质改变，而着力于消除贫困者的无力感则是赋权的起点。消除贫困者的无力感需要深入挖掘贫困者的自身优势，让贫困者从更加积极的方面来认识自己。另一方面，因为贫困可能源于贫困者自身资源的匮乏，在结构性资源不能充分获取的情况下，聚焦贫困者的自身资源并加以利用，促使贫困者在已有资源的基础上开展行动，也是改变贫困者贫困状态的尝试。

（三）系统视角与赋权

系统视角是用一般系统理论的系统概念隐喻人类生存的环境，将人类发展置于一个特定的系统中进行考察。此视角要求社会工作者更多地关注环境变化以及服务对象与环境之间的互动关系。系统视角有助于维持实践的一致性，从服务对象所处情境出发，了解限制他们发展的因素和潜在的机会，辨识服务对象、社会工作者的权力、责任和其可能发挥的影响力。社会工作者要明确认识到情境的重要性，要有系统思维，采用积极的视角，在不

① Kam P K, "Strengthening the Empowerment Approach in Social Work Practice: An EPS Model," *Journal of Social Work* 21, no. 1 (2020): 329 - 352.

利的情境中发现可利用的资源。[1] 系统视角强调环境系统的重要性，对于认识个体或群体问题产生的原因、寻求改变个人或群体处境的资源以及消除个人或群体发展的环境制约等都具有借鉴意义。系统视角也为反贫困社会工作中的赋权提供了启示：一方面，社会工作者可以依据系统视角找到贫困者无权状态的根源，贫困者的无权既可能是受到了个人系统的影响，也可能来自其他社会系统的压制，或者源于个人与环境的互动系统；另一方面，社会工作者可以通过寻求系统的资源，改善个体与系统的互动方式等为贫困者赋权。社会工作者可以在系统理论的指导下，寻求为服务对象赋权的系统支持。

（四）社会参与与赋权

在不同的社会、文化、经济和政治背景下，贫困者被排斥的共同原因是他们没有发言权和其他权利。面对不平等的权利关系，贫困者无法获得更好的条件为自己谋取利益。社会参与不应仅限于服务对象接受服务，还应包括他们发表意见、参与服务规划、执行和决策以及影响结构和政策的变化。在服务对象参与的过程中，我们不应仅仅将其视为协助者和执行社会工作者分配任务的追随者，而应让其参与规划的过程，并在这个过程中体现自主权和影响力。社会工作者需要基于服务对象的个人情况和经验来帮助他们提高在决策过程中的参与水平，并在他们的生活中获得更大的控制权和发言权。有效参与至少能够带来以下好处：一是有效参与可以减少服务对象对专业人员的依赖，能够调动服务对象的能力、潜力、优势和资源，促使

① 何雪松：《社会工作理论》，上海人民出版社，2007，第78页。

服务对象面对和解决自身的问题。参与有助于保护服务对象的权利，使服务符合他们的需要，并能帮助他们参与管理和对服务的实施产生影响。[①] 二是通过参与还能减少服务对象被孤立的风险。当参与者开始参与一项活动、社会团体或社会行动时，他们往往会意识到社会互动的价值。三是有效参与还能提高服务对象的参与能力。参与通常是基于社区平台进行的，服务对象可以参与各种各样的社区团体、社区活动、社区服务等，无论他们的参与性质如何，成为团队的一员和为社区作贡献对所有参与者来说都是重要的。

参与是赋权的要素之一，赋权并不意味着社会工作者直接给予服务对象权力。赋权是一种过程，需要社会工作者和服务对象共同行动来达到赋权的目标。权力的增加是一个人通过在不同层次上的行动来实现的。此外，参与能够有效增强服务对象的权能感。在反贫困社会工作的实践中，参与也是一项非常重要的赋权方式。对于贫困者而言，参与是发生改变的重要行动，对于其改变心理状态、增强自我效能感、提升参与能力、构建团队人际关系以及表达诉求等都有重要的作用。只有让贫困者参与到与自身利益相关的决策和行动中，才能发挥其积极性和主动性。

有学者试图将赋权与各种相关的理论整合起来。例如，贝雷斯福德（Beresford）以服务对象为重点，提出赋权只能通过参与来实现，因为这有助于服务对象意识到自身是赋权过程的主体，他们可以真正地体验个人的变化和赋权。同样，其他研究者也表达了整合赋权与优势视角理论的想法。

---

① Kam P K, "Strengthening the Empowerment Approach in Social Work Practice: An EPS model," *Journal of Social Work* 21, no. 1 (2020): 329 - 352.

阿努拉达(Anuradha)结合心理健康方面的实践表达了类似的观点。他认为,社会工作者从优势视角出发,可以减少对服务对象的负面的、刻板的印象,并提醒他们要在赋权过程中建立平等的伙伴关系。① 反贫困社会工作中的赋权还与其他理论视角(如资产建设视角、生态视角、社会发展视角等)有一定关联。总的来看,反贫困社会工作中的赋权运用了一种综合的理论视角,借鉴各种理论视角的优势,可以充分发挥社会工作者在反贫困实践中的作用。

反贫困社会工作除了关注贫困人群的赋权,还需要积极关注社会工作者的自我赋权问题。研究者认为,社会工作者在实践中的自我赋权是必要的,如果社会工作者缺少赋权的意识和能力,服务对象的赋权就不会发生。自我赋权包含社会工作者的反贫困意识和赋权能力两个方面的内容。一是应该强化社会工作者的反贫困意识。虽然许多国家正式的社会工作话语都明确强调了帮助贫困者,但是社会工作者实践中的反贫困意识却是不够的。克鲁默-内沃(Krumer-Nevo)等认为,具有反贫困意识的社会工作体现在以下方面:在广泛的社会经济背景下理解贫困,而不是将其看作个人因素导致的困境;认识到贫困是造成个人和家庭痛苦的主要原因;评估贫困对日常生活的影响;将贫困纳入专业干预的目的和方法之中。② 二是增强反贫困社会工作者的能力。因为贫困问题的复杂性导致了社会工作介入的困难,所以

① Kam P K, "Strengthening the Empowerment Approach in Social Work Practice: An EPS Model," *Journal of Social Work* 21, no. 1 (2020): 329 - 352.

② Krumer-Nevo M, Weiss-Gal I and Levin L, "Searching for Poverty-aware Social Work: Discourse Analysis of Job Descriptions," *Journal of Social Policy* 40, no. 2 (2011): 313 - 332.

有必要建立社会工作培训的法律框架并付诸实践，以增加专业性和职业认同。

基于赋权的反贫困社会工作在反贫困实践中具有显而易见的优势，既能有效改善贫困者的无权感和社会关系，增强贫困者的能力以实现助人自助，又能消除贫困者与环境间互动的结构性障碍，从而从根本上实现贫困的有效治理。

第三节　社会工作反贫困的赋权策略

贫困是产生于人类社会中的错综复杂的社会问题。单纯依靠国家自上而下的宏观政策无法完全解决贫困者的贫困问题，不能从深层次激发贫困者自身潜能和反贫困的主动性、创造性。反贫困实践必须关注贫困者个体，关注其对贫困的认知、公民权利意识、个体反贫困能力等。社会工作自下而上的专业工作方法可以在一定程度上弥补政策反贫困的不足，社会工作可以精准识别和追踪个体贫困者，综合运用直接和间接的工作方法为他们提供服务，帮助个体真正走出贫困状态。综合来看，社会工作介入反贫困的赋权策略主要包括以下几个方面。

一、增强主体性反贫困能力，促进个体社会参与

个体贫困是由多方面因素造成的。英国学者钱伯斯(Chambers)的“贫困劣势网”分析框架指出了造成贫困的多方面因素，包括物质、身体状况、受教育程度、信息获得、政治诉求、安全、法律地位、社会关系等。对贫困者而

言,这些因素直接使他们陷入了无法摆脱贫困和无法提升自我发展能力的困境。如受教育机会缺失会造成贫困者个体科学知识储备不足、劳动技术低下,使其在劳动市场上缺乏竞争力,无法获得满意的经济收入,从而陷入经济贫困。摆脱贫困的关键在于重视贫困者的主体性塑造,增强其应对贫困的能力。

增强主体性反贫困能力包含两个层面的实践内容:一是以赋权的方式增强贫困者的权力感。贫困者主体性的发挥表现在改变自我认知,增强心理动力,摆脱无力感,以实际行动来积极应对贫困处境等方面。个案工作在这方面具有显著的优势。运用个案工作方法,社会工作者可以识别和分析贫困者个体独特的贫困问题和需求,还可以进一步了解其认知层面的偏差,以优势视角的专业理念改变其消极的生存心态。面对贫困者遭遇的多重困境问题,社会工作者通常扮演专家角色,依据贫困者的不同境况与特点,通过专业化的社会工作评估,为贫困对象制定独特的服务方案,寻找社会网络资源并进行综合协调,以实现有针对性地解决贫困者的问题。二是增强贫困者的行动能力,促使贫困者通过行动改变贫困状态。消除贫困者的无权感是其主体性得以发挥的基础,贫困者还需要在实际的社会参与行动中得到自我发展。社会工作者在介入反贫困的实践中把贫困者视为具有潜能和独特资源的合作者,引导贫困者积极参与反贫困实践,努力改变自身的贫困状态。

二、发展外援性反贫困网络,获得人际资源支持

在社会转型和社会流动加速的背景下,贫困人群面临着缺少有效的外

部社会支持的致贫因素。一方面，贫困者由于自身可行能力不足，很难寻求和获得正式的社会支持；另一方面，贫困者自身缺乏可交换的资源，很难从家人、朋友和其他社会成员那里获取支持。正式和非正式社会支持网络的双重缺失，使贫困者失去正常的社会交往，更容易被边缘化。贫困者个体参与并融入社会支持网络以获得相应的社会资源，是个体权能得以发挥的关键。贫困者的社会支持网络主要包括政府、工作单位、非政府组织、亲戚、朋友、邻里等，这些支持网络是贫困者情感支持和行动支持的主要来源。在反贫困的实践中，社会工作者通常通过发展外源性的反贫困网络，为贫困者提供资源和支持，以满足其在心理、生理、安全、发展等方面的需求。发展外源性反贫困网络既有利于贫困人群权利的回归，也有利于其心理赋权，增强其自我改变的信心。

社会工作者通常扮演资源链接者的角色，充分发挥桥梁作用，为贫困人群建立支持网络。此外，社会工作者也常常运用小组工作方法来增强对贫困者的支持，并促进小组成员的资源共享。小组工作强调相互支持、分享、协作、共同成长的原则，通过组员的互助合作，提升个体的生存和发展能力，构建社会网络，抵御各种社会风险。小组工作可以纠正贫困者的认知偏差，帮助他们发展正确的价值观、态度和行为模式，获得积极参与社会生活的信心，增进人际理解和沟通，获得情感支持，发展自身面对问题和解决问题的能力等，以增加摆脱贫困的可能性。

三、建设集体性反贫困社区，增强群体政治能力

贫困不仅包括个人和家庭的贫困，还包括社区的贫困。贫困社区通常

具有基础设施不足、公共服务落后、发展动力欠缺等特征。此外，贫困社区往往具有浓厚的贫困亚文化，对社区成员的价值观和心理状态造成了一定的负面影响。世界各国的反贫困实践都非常重视通过社区的整体发展来带动贫困人群脱贫，特别是以社区为本的减贫策略非常重视贫困社区包括政治、经济、社会、文化、生态等特征在内的地方性发展特征，从当地的发展实际出发寻求脱贫路径。

社区工作方法通常被运用在社区减贫和社区发展的实践之中。社区工作以社区和社区居民为主，通过确定社区的问题与需求，发动和组织社区居民参与社区行动，动员社区内部可用资源，争取政府等外力协助，有计划、有步骤地解决社区问题。在社区工作过程中，社会工作者可以培养社区居民的自助和自觉精神，逐步克服社区贫困亚文化的消极影响，培养出新的价值观念、心理特征、生活方式和行为方式。在建设集体性反贫困社区的过程中，社会工作者充分激发和调动贫困人群的积极性与主动性，通过各种形式动员和组织贫困人群参与到社区反贫困工作的具体设计和实施中，充分尊重贫困人群的主体性，倡导整个社区参与扶贫，进而形成一种共参、共治、共享、互助的理想型社区。建设集体性反贫困社区，不仅能够培养贫困人群的归属感、自助和自决的精神，还能增强贫困人群的政治能力，有效表达权利诉求，提高其在决策中的影响力和控制感。从本质上来看，这个过程也是一个赋权的过程。

四、发挥社会工作专业力量，为反贫困政策建言

发挥社会工作的专业力量，在反贫困领域内开展专业服务，发挥社会工

作的政策倡导职能，推动政策的改革和完善，是社会工作介入反贫困的重要任务。社会工作具有天然的反贫困属性，在理念和方法上与其他反贫困手段存在着差异。在理念上，社会工作强调贫困人群的主体性，注重挖掘贫困人群的潜能，关注助人自助目标的实现；在方法上，社会工作注重运用专业知识和专业技巧为贫困人群提供服务。因此，社会工作介入反贫困具有自身的独特优势。

此外，在社会工作介入反贫困实践过程中，社会工作者要想充分为贫困人群赋权，就需要增加专业影响力，获得专业话语权，在政策影响方面发挥作用。社会工作者应充分发挥政策倡导者的作用，积极建言，促进反贫困政策的完善，为贫困人群争取政策保护。从世界各国社会工作的政策倡导实践来看，只有在少数国家中社会工作能够产生积极的影响，在大多数国家中社会工作主要在政策传递和政策实践方面发挥作用，对政策的影响力仍然偏弱。改变这种不利处境需要社会工作者的自我赋能。

第六章　反贫困社会工作赋权体系的构建

赋权是社会工作的重要实践取向。社会工作介入反贫困的方法中或多或少体现了赋权的理念，在反贫困实践中采取个案工作、团体工作和社区工作方法实质上都蕴含了赋权的内容。但是，到目前为止，研究者们对社会工作单独针对贫困人群的赋权框架仍然没有达成共识。

第一节　贫困人群无权的维度

探讨反贫困社会工作领域的赋权，首先要对贫困人群的无权状态有一个深入的认识。赋权的概念并不仅仅应用于贫困人群，也广泛应用于其他处于无权状态的社会弱势群体。研究者认为，贫困人群的无权通常表现为综合性的维度。弗里德曼曾经提出了贫困可能导致丧失权力的三个维度：一是社会维度，贫困人群无法获得生计所必需的资源；二是政治维度，缺少为贫困人群发声（包括贫困人群为自己发声）的机会；三是心理维度，贫困人群存在内化的无价值感和对权威的被动屈服。事实上，无权的维度可以从个体层面和社会层面来理解。个体层面主要聚焦于三个方面。一是阻碍贫困人群实现自我发展的生理、情感或智力等方面的不足，如身体残疾、智力障碍等；二是被内化的无权感，如受到贫困亚文化的影响，贫困人群缺少改变的积极心态；三是缺少摆脱贫困的能力，如没有良好的人际关系，缺少社会关系网络，缺少就业或生产的技能等。社会层面主要表现为一些结构性障碍，例如，贫困人群在经济社会生活中缺少必要的资源和机会，因而无法有效地参与其中；贫困人群缺少进入政治领域为自己发声的机会等。无论研究者们通常情况下会对无权状态如何进行解释，但是结合贫困人群的自身特点，其无权状态至少包含了以下四个要素。

一、无权感

这是一种心理层面无能为力的状态，是无法有效扮演重要的社会角色，无法对自身生活进行有效控制的状态。无论这种状态是源于个体生理、心理的因素，还是源于社会的、文化的因素，在贫困人群身上都表现得尤为突出。很多贫困者认为自身是“无权”“无能”的，强调即时满足、相信宿命论、语言交流有限、缺乏目标承诺，缺少支配行动的自由意志、自由思维的能力、参与发展的主体意识以及自我发展的信心等，对自身的努力缺乏主动性和积极性，而且许多贫困者都有意无意地拒绝他人提供的机会。从某种意义上来讲，这种无权感与通常指称的精神贫困有着内涵上的相似性。精神贫困是贫困人群在思想道德素质、心理状态、价值观念、思维习惯和行动方式等方面落后于社会主流精神水平，以至于影响物质生活资料的获得和精神生活需求的满足的一种生存状态。

二、资源匮乏

这里的资源是贫困人群获取权力所需具备的经济的、政治的、社会的资源的总称。贫困人群的资源匮乏是无权的一种表现。资源包括物质资源、人力资源、财务资源、政治资源、社会资源等。缺少物质资源是指缺少满足基本生活需求的各类物质条件，如没有足够的粮食和营养品、没有可供稳定居住的房屋、缺少安全的饮用水、缺少从事生产的基本农业工具、缺少基本的社区公共服务设施等。人力资源的匮乏主要是指能够充分发挥个人主体性的各种条件的缺失，如健康状况不佳、身体残疾、知识文化水平较低、缺少行动的动力、不具备从事生产和就业的技能等。缺少财务资源主要是指缺少实现自身发展所必需的资产，例如个人或家庭没有储蓄、无法从机构获取到信用贷款等。此外，贫困人群通常还缺少政治资源，政治地位较低、无法有效传达自身的诉求。贫困人群的社会资源也比较薄弱，他们缺少有意义的人际关系网络，很少能够从其他个人或团体处获得支持。

大多数研究赋权的学者都强调资源的重要性。资源在贫困人群的赋权中占有重要的位置。这一点可以从两个方面来加以理解：一是缺少资源实质上就是贫困人群在各种资源上遭受了剥夺，是一种权力的丧失。这些资源可以保证生存，减少不适，并能使一个人的生活改变和改善。只有贫困人群增强了对资源的控制，他们才能获得权力。事实上，很多贫困人口，尤其是一些贫困的妇女、儿童、老年人等，几乎没有任何资源，得不到最低限度的健康、住房、食物等。二是提供资源是赋权贫困人群的重要手段。政府和相关组织可以通过将最少的资源重新分配和对分配细节的调整来改善贫困状态，当贫困人群拥有这些权力资源时，就可以调动资源来改善个人的饮食、健康、教育、安全等。从世界银行在各国实施的赋权项目来看，提供资源几乎是赋权的前提条件，没有这些资源的供给，贫困的个人、家庭、社区等根本无法通过参与式行动来改善贫困面貌、实现自身发展。

三、机会匮乏

机会主要是指贫困人群得以改变自身生活状态的有益的社会、经济和政治机会。缺少机会可能是由先赋性障碍和结构性障碍所导致的，如贫困人群受教育程度低、经济条件差、缺少社会资本等可能导致其没有机会参与到社会、经济、政治活动之中，也可能因为政策、制度的赋权不足而导致其机会被剥夺。缺少机会表现为在社会、经济、政治生活领域内遭到排斥和歧视。由于缺乏获得特定资源和机会的途径，因而人们可能被排斥和边缘化，不能参加在同一社会中其他人习以为常的活动。最常见的是性别歧视导致机会被剥夺。在有些地方，女性缺少参与经济生活、政治生活和社会生活的机会。例如，有些地方的女性不被允许进入劳动力市场，或者在劳动力市场中受到各种限制。正是因为缺少机会，所以那些处于社会最底层的贫困人群很可能会一直贫困下去。

理论研究和赋权实践中普遍认可机会对于改变贫困人群贫困状态的重要意义。森在提出能力贫困理论时，强调人们获取“有理由珍视的生活”的能力，重点是机会的分配和获得，而不是收入。如果给予个人平等的机会，那么他们在经济上将会更加成功，他们也能够摆脱贫困。[①]《2000/2001 年世界发展报告：与贫困作斗争》中也特别强调了增加贫困人群获得机会、安全和赋权对经济增长和减贫的重要性。为贫困人群提供更多机会是消除贫困的重要途径，如果想让贫困人群摆脱贫困、过上更富裕的生活，政府就必须制定相关法律保障平等和提供机会。社会工作者在反贫困的实践中为贫困人群提供机会也是一个重要的路径。例如，在社区导向的反贫困实践中，社会工作者特别注重让贫困的个人、家庭和社区有机会参与到减贫行动之中。在很多社区发展项目中，最重要的一个原则就是贫困人群必须实际参与，而不只有项目援助方对项目实施全面负责。

四、能力不足

能力不足是贫困人群无权的最重要的表现。如前所述，研究者对赋权的理解已经从传统的反抗压制、消除社会不公正等狭义的理解转到广泛关注贫困人群控制自身生活的能力之上。如果给贫困人群提供资源和机会，那么他们是否能够抓住这些资源和机会为自己争取各种福利，这是一个关键问题。如果给予贫困人群适当的资源和机会，他们就有能力作出正确的决定，就能够有效利用包括医疗、教育、就业、生产等基本服务并改善贫困状态。事实上，大多数贫困人群往往无法利用投资于他们的资产或行使他们的个人权利，因此没有能力塑造自己的生活。例如，贫困人群

① Hillbom E et al., "Assessing the Role of Property Rights and Legal Empowerment in Poverty Reduction," *International Social Science Journal* 63, no. 209 - 210 (2012): 207 - 226.

缺少获得资源和调动资源的能力，缺少对资源进行评估和管理的能力等。

能力视角是赋权的重要内涵和实践面向。从广义上来理解能力，贫困人群能力不足可能包含了缺少获取全面的营养、健康以及知识的能力，缺少支配行动的自由意志，包括自由思维的能力、参与发展的主体意识以及自我发展的信心等，缺少与外界建立关系并能有效从外界获取资源的能力等。从狭义来理解能力，被关注的能力可能包括人的知识、技能、品格特质等。贫困人群的无权感、资源匮乏和机会匮乏可能都与能力不足有关，而无权感、资源匮乏和机会匮乏又反过来限制了贫困人群的能力提升。

总的来看，我们可以从无权感、资源匮乏、机会匮乏与能力不足四个维度来理解贫困人群的无权状态，其中既包括从个体层面对无权状态的认识，也包括从社会层面对无权状态的认识。这种认识同社会工作从个人与社会的角度来关注和理解服务对象的传统基本上一致，也是社会工作可以较好发挥作用的赋权内容。

第二节　反贫困社会工作赋权的目标与逻辑

基于对贫困人群无权状态的描述，我们提出了社会工作介入反贫困的赋权目标，这个目标由过程目标和价值目标组成。此外，社会工作为贫困人群赋权需要遵循一些对贫困人群和社会工作者的潜在假设，只有具备这些潜在条件，赋权才更具有意义和操作性。

一、反贫困社会工作的赋权目标

贫困人群的赋权是一个相当复杂的体系，而且为贫困人群赋权也并非社会工作者独有的能力。社会工作者介入反贫困，主要还是聚焦于挖掘贫困人群的潜力，提高个人能力，链接各类资源，帮助实现对贫困对象的赋权。从目标来看，赋权主要分为过程目标和价值目标。

（一）过程目标

1. 消除无权感

消除无权感是为贫困人群赋权的基础，只有当贫困人群改变了贫困的心理状态，增强了摆脱贫困的动力和信心，具备了积极的自我效能感，主体性得以发挥，赋权才真正发生，才有可能达到控制自己生活的目标。解决人们遇到的问题离不开外部因素，但关键在于内因。因此，单纯依靠外部赋权无法达到预期的效果，还需要贫困人群自我赋权。消除贫困人群的无权感涉及心理赋权，既包括社会工作者在微观层面对贫困人群的心理干预，也包括社会工作者在宏观层面为贫困人群营造环境和争取资源、机会、政策等。

2. 资源控制

有研究者认为，赋权是服务对象获取资源的过程。贫困人群对资源的控制既是赋权的过程，也是成功赋权的结果。资源控制包括贫困人群对影响自身生存和发展资源的获取，以及有效利用资源来改变自己的生活状态。对于社会工作者而言，为服务对象挖掘和链接资源是最常用的介入方式。社会工作者可以帮助贫困人群获取的资源主要有三种：一是贫困人群自身的资源，例如增加贫困人群处理其问题的知识等相关专业知识。二是社会工作者和其所在的社会工作机构的资源，例如向贫困人群提供有关社会工作机构和其资源的更多信息，让服务对象了解自己的合法权利。三是政策资源，例如贫困人群的社会保障、必要的救助资源等。

3. 获得机会

结构性障碍导致的机会不平等和不公正也是贫困的根源之一。贫困人群的无权也表现为机会的缺失或被剥夺。给予机会能够从个体内部和外部环境为贫困人群赋权。当拥有机会时，个体可能会增强权力感，增加与环境的互动，也可能意味着离资源更近。获得机会需要给予贫困人群参与的平等地位，这就意味着需要消除某些制度障碍、文化障碍以及一些个体自身的障碍等。

4. 构建能力

能力是一个相当抽象的概念，而能力与赋权中的权力有着紧密的关系。权力实质上是个体或群体拥有控制外界和实现有价值生活的能力，是一种自由的体现，当个体拥有了权力，就具备了相应的能力。反贫困社会工作赋权的本质正是一种提升贫困人群自身能力的过程。提高个人能力不仅有利于解决当下面临的困难，而且能够克服因自身能力不足而带来的种种问题，有助于解决未来可能面对的困境，有利于自身的长远发展，真正实现个人的成长与改变。

（二）价值目标

过程目标的实现能够改善贫困人群的贫困状态，当贫困人群自身具有行动的信心和动力，拥有行动的资源和机会，而且具备了相应的能力时，贫困问题就迎刃而解。但是仅仅解决贫困问题仍然是社会工作基于问题意识赋权的结果。赋权贫困人群还需要达到价值目标。价值目标是社会工作介入反贫困需要达到的理想状态，是一种终极目标。反贫困社会工作的赋权需要达到的理想状态是让贫困人群最终能够在被赋权的状态下解决可能会遇到的各种困难。对于贫困人群而言，这种助人自助的状态可能体现为他们有信心和勇气面对生活中的困境，有能力去应对生活中的挑战，能够有效地利用资源和机会改变生活的状态等。

二、反贫困社会工作的赋权假设

反贫困社会工作的赋权是建立在以下理论假设之上的，如果这些赋权的基础条件不存在，社会工作的赋权就可能不会发生或者不能达到预期的效果。

（1）贫困人群处于某种无权的状态，例如贫困人群可能存在深切的无力感，缺少机会或资源，能力不足等，导致自己的生活处于不受控制的状态。

（2）贫困人群的无权源于个人或环境中存在直接或间接的权能障碍，致使其无法采取摆脱贫困的行动。

（3）贫困人群具有潜能来改变自己的生活，当前的困难只是暂时的障碍所致。

（4）社会工作者具有为贫困人群赋权的能力，如具有反贫困意识和赋权意识，并具备相应的知识、技能等。

（5）社会工作者与贫困人群之间是一种合作关系，贫困人群的赋权不仅是社会工作者的责任，也是贫困人群自身的责任。

从这些假设中可以看到，假设(1)和假设(2)是对贫困人群无权状态和无权原因的确认，如果贫困并非基于无权，那么社会工作反贫困的策略和方向将随之改变。假设(3)和假设(4)是对赋权主体特性的确认，如果不相信贫困人群具有改变的潜能，社会工作者就不具备赋权的能力，那么赋权也不可能发生。假设(5)是对赋权关系的确认，贫困人群的赋权是一种双向互动，例如“输血式”的反贫困实际上是一种单向的资源输入，贫困人群自身的责任被淡化，所以这种反贫困方式实际上并不能达到助人自助的价值目标。

三、反贫困社会工作的赋权逻辑

消除贫困是各国政府关注的主要目标之一，减贫政策和方案的目的都是改善民生福祉。反贫困是社会工作实践中的重要领域，无论是从道德角度还是从经济角度来看，社会工作者都“愿意并有能力”解决贫困问题并消除其不良影响。2017 年发布的《民政部 财政部 国务院扶贫办关于支持社会工作专业力量参与脱贫攻坚的指导意见》也对社会工作介入反贫困予以肯定：“社会工作专业人才是为贫困群众提供心理疏导、精神关爱、关系调适、能力提升等社会服务的新兴力量，在帮助贫困群众转变思想观念、树立自我脱贫信心、拓宽致富路径、提升自我脱贫能力等方面可以发挥积极作用。”社会工作介入反贫困不同于一般意义上的扶贫，它往往蕴含了赋权的思想。例如，在社会工作者为贫困人群提供服务的过程中，不仅注重为其提供基本的救济服务，也包含了改变贫困人群的心态、促进参与、增强能力等方面的内容。在反贫困社会工作中，运用赋权的理论可以使我们改变传统意义上看待贫困人群的"问题"视角,挖掘他们的积极性和能动性,帮助他们链接社会资源,使得他们可以通过自己的努力摆脱贫困的境地,获得更好的发展。

社会工作如何为贫困人群赋权?需要了解贫困的归因和贫困人群无权的维度。关于贫困的归因,一般来讲主要有以下几种解释:一是结构性解释,将贫困归因于外部因素,如经济波动或社会因素;二是个人主义解释,认为贫困是个人的责任;三是宿命论的解释,把贫困归因于环境或坏运气。随着对贫困问题认识的深入,贫困归因逐步由过去的个体因素转向社会因素,因而大部分研究者倾向于从结构视角来理解贫困,认为贫困之所以产生可能源于不合理的社会结构、社会排斥、社会不公等。社会工作者认为贫困是不平等的社会安排、社会结构和社会制度的结果,所有贫困人群都值得接受援助,以清除使人们陷入贫困并阻止他们摆脱贫困的结构性障碍。当然,社会工作者不仅从结构视角理解贫困,也从其他视角来理解贫困。比如,能力视角认为,贫困是缺乏有效参与社会生活的基本能力;又如,个人视角认为,贫困人群自我效能感低下不利于贫困人口采取积极的行动来摆脱贫困。

社会工作通常是从个人与社会的角度来理解贫困人群的贫困问题,无论是哪一种解释,其中贫困归因的隐含意义都可以与赋权产生关联。从贫困人群无权的维度来看,前文已经对主要的维度进行了分析,即无权感、资源匮乏、机会匮乏和能力不足。综合贫困产生的原因和贫困人群无权的维度,可以发现社会工作介入反贫困的基本逻辑,即:无权—贫困—赋权—改善—助人自助。

无权可以理解为贫困人群贫困的一种表现,也可以理解为贫困之所以发生的重要根源。也就是说，贫困是许多要素共同作用的结果，无权是其中一个重要因素。因为贫困人群受到个人因素和结构性因素的影响，所以出现无权现象，无权又进一步加深了贫困人群的贫困程度，甚至某些贫困就是无权的结果。针对贫困人群贫困的无权状态，社会工作者可以进一步采取策略来改善贫困人群贫困状态，这种策略就是赋权。社会工作介入反贫困，赋权是其中一个重要方法。社会工作的赋权主要针对贫困人群的无权状态，通过赋权来消除贫困人群致贫的权力因素，从而达到改善贫困状态或消除贫困的目标。但是社会工作的赋权与通常的反贫困手段不同，不仅要求改善贫困状况，更重要的是达到助人自助的理想状态。这样，贫困人群不仅能够面对贫困的挑战，还能够面对自身生活中所遇到的其他挑战。

第三节　反贫困社会工作的赋权框架

反贫困社会工作中的赋权实践非常丰富，既包含为贫困人群提供服务以帮助贫困人群摆脱不良的自我认知，扩大贫困人群的社区参与，强化贫困人群对自己生活的控制能力，也包含通过倡导和社会行为来减少社会对贫困人群的负面评价，呼吁整个社会认识到贫困人群的权益保护问题，帮助贫困人群争取权益，向政策制定者提供相关的建议，促进有关法律法规的完善，促使政府作出一些制度性安排来保障贫困人群的基本权益等。社会工作在理解贫困归因和贫困人群无权维度的基础上，可以采用赋权的方法来突破贫困人群个体层面和社会层面的障碍，让贫困人群增强对自己生活的实际掌控。贫困人群的赋权包括很多内容，从前文提到的国内外反贫困领域的赋权实践来看，很多赋权项目并非由社会工作者主导实施的。大多数情况下社会工作者只能在自身的优势领域为贫困人群赋权。以下论及的心理赋权、社区赋权和政策赋权是社会工作者能够较好掌握，且能较好发挥作用的领域。在反贫困社会工作中，为贫困人群赋权至少包含以下几个层次的内容。

一、心理赋权

（一）心理赋权的解释

施普赖策将心理赋权定义为内在的任务动机，反映了一种对工作的控制感和对工作角色的主动导向，其中包括意义、自我决定、能力和影响力。意义指的是一个人工作角色的要求和他自己的信仰、价值观和标准之间的一致性；自我决定是一个人对自己行动的开始或规范的选择意识；能力是指一个人相信自己有能力成功地完成工作或活动；影响力是一个人相信自己可以影响自己工作单位的战略、行政或运营活动和结果。[①] 帕森斯(Parsons)认为，社会工作者促进个人的改变主要集中于个体的态度、价值观以及对自信、自我效能、自我价值的信念。[②] 彼得森(Peterson)等认为"权力感"是一种心理赋权，包括对一个人生命的控制感、自我效能、施加控

① Seibert S E, Wang G and Courtright S H, "Antecedents and Consequences of Psychological and Team Empowerment in Organizations: A Meta-analytic Review," *The Journal of Applied Psychology* 96, no. 5 (2011): 981 - 1003.

② 芭芭拉·提特：《社会工作理论与方法》，余潇、刘艳霞、黄玺、吴腾译，华东理工大学出版社，2013，第66—69页。

制的动机和感知能力。[①] 古铁雷兹将增强自我意识作为赋权工作的目标、过程和结果。她认为,只专注于培养个人力量感或培养技能或者致力于社会变革是不够的,培养批判意识、减少自责、为变革承担个人责任以及增强自我效能是增强权力的关键。齐默尔曼认为,心理赋权包括三个特质:内在的、交互性、行为成分。内在因素指的是人们如何看待自己,人们认为他们可以做什么是关键,如果不相信自己有能力完成某件事,就不太可能去做与之相关的、需要做的事情。这个组成部分包括感知控制、自我效能、控制动机、感知能力等。交互性是指人们如何思考、如何与他们的社会环境相联系,包括一个人在特定情况或背景下理解自己的选择,并评估什么样的选择将可能实现目标。行为成分指的是为了改变一个人的处境和影响结果而采取的具体行动。[②] 齐默尔曼将心理赋权等同于个体赋权,将其视为所有层次干预的共同目标。齐默尔曼的心理赋权不只涉及人格因素,而且还包括个体的应对能力和行动。

研究者强调了心理赋权的重要性。从以上学者对心理赋权的定义可以看出,一种解释是将心理赋权视为赋予个体人格、动机、感知、能力等心理特质,另一种解释不仅关注这些心理特质,也注重与之相关联的行动。这里采用的是第一种解释,将行动视为心理赋权的手段。心理赋权的目标是增强

---

① Peterson N A, Hamme C L and Speer P W, "Cognitive Empowerment of African Americans and Caucasians: Differences in Understandings of Power, Political Functioning, and Shaping Ideology," *Journal of Black Studies* 32, no. 3 (2002): 336 - 351.

② Zimmerman M A, "Psychological Empowerment: Issues and Illustrations," *American Journal of Community Psychology* 23, no. 5 (1995): 581 - 599.

动机、价值感、自我效能感、控制感、对环境的批判性认识等。

(二)心理赋权的主要方式

心理赋权对于反贫困非常重要。对于贫困人群而言,维持生计的资源固然很重要,但是隐藏在资源匮乏背后的无权感也是一个非常关键的因素。多数情况下,贫困人群有着比较消极的心态,认为自身是“无权”和“无能”的,缺乏自身努力的主动性和积极性,缺少改变的信心,缺少效能感,因此从心理层面改变贫困亚文化带来的影响至关重要。从前文对贫困人群无权状态的描述可以发现,心理赋权是消除贫困人群无权感的重要方法。反贫困社会工作不仅需要关注客体性的贫困,更需要重塑和再造人们的主体性,也就是要通过合适的社会工作方法来帮助贫困人群实现心理上和思想上的转变。心理赋权对于不同的人有不同的形式,个体特征会影响心理赋权的过程和意义。心理赋权也会受到环境的影响,个人生活的环境可以改变赋权的形式。

反贫困社会工作可以从三个方面来为贫困人群进行心理赋权。(1)对贫困人群个体或家庭的咨询辅导,运用个案社会工作的技巧增强贫困人群的赋权意识和赋权动力,改善其不良的心理状态。对贫困人群的个案辅导特别强调在对贫困人群的需要和问题进行深入评估的基础上,邀请贫困人群深入参与辅导过程,并与他们进行深入互动,促进他们反思。(2)开展团体工作,为个体提供支持,降低个体被孤立的风险,并提供环境促使个体的技能得到发展和锻炼。社会工作者运用团体工作方法建立贫困互助小组,可使贫困人群从相互接纳、彼此支持等作用中,培养出向上的生活态度、良好的社会人际关系和自我克服困难的反贫困能力。例如,组织贫困人群建立自助-互助小组,或者是社会工作者导向小组,发挥小团体的网络支持与互惠功能。通过教育、合作或集体努力，小组成员可以在小组中学习知识和技巧，强化合作能力，努力解决个人的问题，或者通过团队合作来解决共同的问题。通过团体赋权的形式，小团体可以发挥对于贫困人群的互助、包容、互惠和发展的功能，然后将其转化为共同脱贫的动力。(3) 协助贫困人群建立支持网络。赋权可以通过相互关系实现。支持网络对于改善贫困人群的心理状态尤为重要。社会工作者可以帮助贫困个体或家庭构建正式的和非正式的社会支持网络，满足贫困人群的情感、发展等方面的需求。

(三) 可能的挑战

对于贫困人群的心理赋权也面临着不少挑战：一是贫困人群可能缺少赋权的意识和动力。贫困人群身处多重困境之中，长期的无权感使得他们无法跳出固有的思维方式，对自身赋权缺乏敏感性。加上贫困人群知识匮乏，对自身能力评估不足，缺少作为主体参与赋权的动力。二是贫困人群自身的生理条件可能制约赋权。例如，研究者经常关注的贫困儿童、贫困妇女、残疾人等，因为生理条件的限制，加之所处环境的制约，所以他们可能无法通过诸如心理辅导、小组活动、社区参与等方式获得心理赋权。三是社会工作者的影响能力可能有限，心理赋权多发生在个体层面，面对数量庞大的贫困人群，社会工作者能够赋权的范围极其有限，需求的无限性和服务的有限性之间的矛盾非常突出。

二、社区赋权

(一) 社区赋权的解释

亚当斯认为，社区可能是指某个规模相对较小而具有凝聚性的地理场所、通过某种共同的利益或认同感而联系到一起的某个民众的社会网络，或者指某个物理空间，如一个工厂以及附近工人们的房屋。社区赋权是指社会工作者与社区居民一同工作，引导他们表达意愿和需求，与他们共同制定目标和计划，并使其有能力实现目标和完成计划的过程。① 社区的概念包含人群、区域相近、人际关系、共同文化、价值观和利益等关键词。社区的性质是多变的，不能简单地等同于特定的群体或地方。社区赋权是一个旨在消灭贫困的赋权层次。曼特尔(Mantle)认为，社会工作者应直接参与救济贫困者的工作，与当地社区保持密切联系，共同致力于预防贫困和赋予权力，这是最有可能成功的做法。他认为应建立以社区为本的社会工作来推动反贫困。以社区为本的社会工作具有四个特点。一是与赋权相关联。二是关注本地，社会工作者居住在社区，对社区内的服务用户负责，社会工作者对社区生活更加了解，最终更容易被当地人接受。三是与预防有关，关注社区意味着能更深入地把握服务对象问题的诱发因素，从而达到更好的预防效果。四是需要合作，这些方面都与贫困和救济相关联。② 社区是贫困人群日常生活的重要空间，也是他们参与公共事务的平台。对贫困人群而言，社区赋权包含两个层面的内涵。一是将社区作为贫困人群赋权的平台，在社区平台上，促进贫困人群参与社区活动和项目、建立贫困人群与社区的关系、协助贫困人群利用社区资源等，从而达到赋权的目的。二是对社区的赋权，通过社区能力的建设以增强其对社区贫困人群的支持。

---

① 罗伯特・亚当斯：《赋权、参与和社会工作》，汪冬冬译，华东理工大学出版社，2013，第184—185页。

② Mantle G and Backwith D, "Poverty and social work," *British Journal of Social Work* 40, no. 8 (2010): 2380 - 2397.

（二）社区赋权的主要方式

社区赋权是反贫困社会工作的重点。社区赋权不仅能在更大范围内对贫困人群赋权，而且社会工作的专业优势可以在社区赋权中得到充分发挥。基于对社区赋权内涵的理解，社区赋权包括以下几种较为可行的方法。首先是推动社区发展。社区发展源于英、法支持前殖民地和工业化国家的人民解决城市贫民问题的传统，它被视为解决世界大多数国家和地区人口贫困问题的一种方法。社区发展最初的重点是改善工业化国家城市地区的贫困人群的生活和健康状况。① 社会工作者被视为社区的动员者。资源动员是社会工作者推动社区发展的主要任务，可能包含向贫困人群提供食物、住宿和医疗保健等，也可能包括促进社区发展其他资源，如金融资源、项目资源等。社会工作者要充分发挥政策倡导和资源链接的作用，为社区发展争取资源，同时倡导将资源的支配权力下放到社区层面。社会工作者可采用社区社会工作的模式，解决社区的实际问题，促进社区能力增长。社区发展特别强调社区的能力建设，能力建设意味着解决因知识技能有限导致的社区在生产过程中无能为力的问题。能力建设将有助于社区发展和解决社区贫困者的贫困问题。社区发展为贫困人群提供了赋权的环境，可以有效增强贫困人群的支持网络，在一定程度上改善了贫困人群无权感和资源机会匮乏的状态。其次是参与并动员社区集体行动。社区参与可能是经济、政治、文化等各个领域的，在参与社区各类活动、项目、政治议程的过程中，增强贫困人群的赋权意识，提高其能力，增强其信心，让贫困人群感受到自我

---

① Rifkin S B, "A Framework Linking Community Empowerment and Health Equity: It Is a Matter of CHOICE," *Journal of health, population, and nutrition* 21, no. 3 (2003): 168 - 180.

对生命的控制，能够管理自己的生活，以此改变环境对贫困人群无力感的影响。此外，社区参与能够通过个人和集体（社区）行动来增强对决策和资源的控制。在反贫困社会工作的实践中，社会工作者要运用专业的方法和技巧来提升居民的社区参与度，帮助社区通过各种途径来动员贫困人群参与到反贫困工作的设计、计划、实施和评估中，让他们可以主动关注涉及自身利益的行动和政策。再次是推动社区教育。社区教育涉及向整个社区、弱势社会群体（如农民、妇女、孤儿、老年人等）和社区领导提供培训和信息。[①] 特别是针对贫困人群知识技能水平低下和精神贫困等问题开展有针对性的教育培训，增加其知识，提高其技能，增强其精神动力。在知识层面，让贫困人群掌握社区共同需求和共同问题的相关知识，使其能够辩证地分析问题，提出创造性和可行性的建议。在技能层面，让贫困人群具有熟练的沟通技巧，使其能够与社区的其他居民建立良好的邻里关系，具备游说、谈判和公关等技能。在精神层面，改变贫困人群的观念，帮助其理解自身需求和社区建设之间的重要联系，转变其消极、被动的态度，激发其积极性和主动性。社区教育的推行可以帮助贫困人员积累更多的知识，增强其职业能力，树立脱贫的信心。社会工作者参与反贫困重点在于增强贫困人群的个人能力，让贫困人群能自主参与反贫困，并清楚认识到自身的社会定位与自我发展方向，增强脱贫致富的信心和实际能力。最后是营造公平、公正和共享的社区环境。创造一种积极向上的社区环境，减少贫困人群的相对剥夺感和无力感，使他们可以意识到自身的价值，保持昂扬的斗志和充分的尊严，从而

① Baikady R, Pulla V and Channaveer R M, "Rural Poverty and Social Work: Three Models," *International Journal of Social Work and Human Services Practice* 5, no. 1 (2017): 25 - 28.

产生自我改变的动力，实现自身的蜕变和发展。

（三）可能的挑战

社区赋权也面临着一些挑战。一是资源在社区层面的分配可能存在不公。对于社会工作者而言，缺乏对资源的直接分配权力，特别是移交到社区层面的政策资源，社会工作者只能与社区组织机构合作，提出合理的资源使用方式，有可能出现真正的贫困人群未能公平地获得资源的情况。二是贫困人群的社区参与可能存在不足。贫困人群受到自身意识和能力的限制，有意识地拒绝参与机会，或者客观上被排斥。社区参与是贫困人群赋权最有效的手段，参与不足将会大大降低赋权的效果。

三、政策赋权

（一）政策赋权的解释

关注贫困的实践应将改变服务对象缺乏物质和社会资源的情况定位为行动的目标，与贫困相关的干预目的既可以通过赋权、倡导个人权利、获取必要的资源和积极协助就业等个人战略来达到，也可以通过社会倡导、政策实践和社区经济发展等社会战略来实现。因此，政策赋权显得尤为重要。贫困更多来自某种结构性障碍，需要从政策层面来寻求解决方案。对有需要的家庭和个人来说，政策所提供的福利项目仍然是主要的援助来源。为贫困人群赋权的要素（如个人获得机会、获得服务、行使权力、对适当级别决策和资源的影响力和控制等）中，很多都需要国家改革甚至消除那些正式和非正式的影响他们采取行动改善福祉的制度障碍。

鉴于贫困的复杂性，反贫困不仅需要考虑微观层面的因素，还需要考虑宏观层面的因素，例如减贫政策是否真正具有益贫性，是否能够为贫困人群带来发展资源等。贫困人群的赋权需要一系列有利于赋权的政策环境。反贫困的政策赋权实质上是指在政策层面为贫困人群获得机会、资源、能力、权利等提供保障。

社会工作者在反贫困实践中更多的是基于微观和中观层面，聚焦于解决贫困个人、家庭和社区的具体问题，在政策层面上的影响力还不足。聚焦于个体的反贫困社会工作的缺陷也显而易见，由于个体服务的需求各不相同，社会工作者的实践难以覆盖全部服务对象，因而社会工作所产生的作用也是个体的或局部的。此外，聚焦于个体的反贫困社会工作虽然能够解决眼前的问题，可以满足服务对象暂时的需求，但是从长远来看，这种情况并不稳定。反贫困社会工作的赋权要尽可能与社会政策的整体方向保持一致。从制度视角来看，政策赋权仍然是影响反贫困的重要因素。

（二）政策赋权的主要方式

反贫困社会工作的政策赋权可以考虑从以下四个方面着手。一是积极的政策倡导，扮演好社会工作者政策影响者的角色，倡导将社会工作平等、权利、参与、赋权等理念融入反贫困的政策体系中，同时倡导反贫困政策体系的优化。贫困是一个多维的概念，对贫困的理解深化之后，反贫困的理念也要不断更新、升级。二是促进政策资源与贫困人群实际需求之间的匹配。政策资源与贫困人群需求之间的错位长期存在，社会工作者可以运用专业的调查方法了解贫困人群的实际发展需求，并呼吁政府将服务对象的需求放在政策制定和实施过程中的核心位置上，使政策更具有可操作性。三是积极为贫困人群链接政策资源。社会工作者作为资源的链接者，可以通过各项社会保障政策拓宽贫困人群的资源渠道，满足贫困个体或家庭所需的物质条件，也可以通过提升贫困人群的参与知识、技能和政策知晓率等方法来提高贫困人群获取政策资源的能力。四是积极承接部分由政府制定的反贫困计划和政策，社会工作者在某些特定的反贫困政策方面具有管理和执行的优势，例如消除贫困人群的无权感、增强贫困人群的发展动力、改善贫困人群的社会关系等，可以由社会工作者负责管理和执行。

（三）可能的挑战

政策赋权实质上是社会工作者为贫困者争取、协调和利用政策资源，以促进贫困人群发展的过程。但对社会工作者而言，政策赋权也存在着一定的困难。社会工作者对政策变革的真实影响无法预测。政策倡导是社会工作的重要手段，但是政策的变革可能并不主要来自社会工作者的影响。加之社会工作者自身的政治参与不足，可能无法传递贫困人群的真正诉求，导致贫困人群赋权缺少友好的政策环境。

四、需要关注的问题

贫困人群的贫困问题是各种因素综合作用的结果。社会工作者在为贫困人群赋权的过程中应综合考虑不同因素对于增强贫困者权能的影响。此外，我们还需要重点关注以下问题。

（一）顺应情境开展相关工作

在反贫困社会工作中，赋权是针对具体情况的，它的工作形式和发展过程在不同的条件下会有所不同。社会工作者需要对特定环境中赋权的意义保持敏感性。反贫困社会工作中的重要资源和目标的性质可以因环境而异,因个人而异。由于赋权是由社会环境调节的,因此反贫困社会工作在涉及不同的服务层次和领域时要通过不同的方法和技巧来完成。对于贫困个人而言,由于每个人生来就是独一无二的,再加上生活的经历不同,因而需要帮扶的内容和层次也是有差异的。对于社区而言,社会工作者必须结合贫困地区的文化环境、地理条件来制定项目计划、确定赋权方案等。

(二)遵循以人为本的发展理念

人类社会能够进步,是因为人能够意识到自己主体性的存在,并主动地挖掘、发挥自己的内在力量和创造力,去面对和解决自己的生存和发展问题。反贫困社会工作的赋权也要遵循以人为本的发展理念。一方面,在赋权过程中要优先考虑贫困人群的愿望和需要,不能只是形式上的赋权;另一方面,要充分认识到贫困人群的主体性地位。在赋权过程中,社会工作者应该对贫困人群的需要进行准确的预估,要让更多的贫困人员参与到有关自身利益的活动和项目中,并在参与中增强信心、发展技能、构建关系网络、提升自我发展能力。

(三)协同多方力量共同赋权

社会工作者为贫困人群的赋权具有局限性,受到相当多内部因素和外部因素的制约。通常情况下,社会工作者只能在自身的优势领域内赋权,如激发贫困人员的内在驱动力、促进参与、链接资源、提高能力等方面,但是在资源分配与有效利用、机会获取、政策保障等方面的赋权仍然存在不足,需要协同多方力量实现为贫困人群赋权。特别是在政策层面和社区层面,社会工作者需要与政府机构、社区组织等主体开展有效合作。贫困人群的赋权是一个综合体系，参与主体的多元化、赋权内容的复杂化等因素决定了只有多方力量共同参与、大力协作，才能真正实现通过赋权消除贫困，最终达到助人自助的理想目标。

参考文献

一、英文书籍

[1] ADAMS R. Empowerment, Participation and Social Work[M]. New York: Palgrave Macmillan, 2008.

[2] ADAMS R. Social Work and Empowerment[M]. 3rd ed. New York: Palgrave Macmillan, 2003.

[3] LEE J A B. The Empowerment Approach to Social Work Practice: Building the Beloved Community[M]. 2nd ed. New York: Columbia University Press, 2001.

[4] MIDDLEMAN R R, GOLDBERG G. Social Service Delivery: A

Structural Approach to Social Work Practice[M]. New York: Columbia University Press, 1974.

[5] STEIN J. Empowerment and Women's Health: Theory, Methods, and Practice[M]. London: Zed Books, 1997.

[6] SOLOMON B. Black Empowerment: Social Work in Oppressed Communities[M]. New York: Columbia University Press, 1976.

[7] TOWNSEND P. Poverty in the United Kingdom: A Survey of Household Resources and Standards of Living[M]. CA: University of California Press, 1979.

二、英文文章

[1] CHENERY H B. Interactions Between Industrialization and Exports[J]. The American Economic Review, 1980, 70(2): 281-287.

[2] CONGER J A, KANUNGO R N. The Empowerment Process: Integrating Theory and Practice[J]. Academy of Management Review, 1988, 13(3): 471-482.

[3] FISHER R. Political Social Work[J]. Journal of Social Work Education, 1995, 31(2): 194-203.

[4] GANS H J. The Benefits of Poverty[J]. Challenge, 2012, 55(1): 114-125.

[5] GERMAIN C B. An Ecological Perspective in Casework Practice

[J]. Social Casework, 1973, 54(6): 323 - 330.

[6] GERMAIN C B. General-Systems Theory and Ego Psychology: An Ecological Perspective[J]. Social Service Review, 1978, 52(4): 535 - 550.

[7] GITTERMAN A, GERMAIN C B. Social Work Practice: A Life Model[J]. Social Service Review, 1976, 50(4): 601 - 610.

[8] GREENE G J, LEE M Y, HOFFPAUIR S. The Languages of Empowerment and Strengths in Clinical Social Work: A Constructivist Perspective[J]. Families in Society, 2005, 86(2): 267 - 277.

[9] GUTIÉRREZ L M, DELOIS K A, GLENMAYE L. Understanding Empowerment Practice: Building on Practitioner-based Knowledge [J]. Families in Society, 1995, 76(9): 534 - 542.

[10] HAGENAARS A, de VOS K. The Definition and Measurement of Poverty[J]. The Journal of Human Resources, 1988, 23(2): 211 - 221.

[11] HUR M H. Empowerment in Terms of Theoretical Perspectives: Exploring a Typology of the Process and Components across Disciplines[J]. Journal of Community Psychology, 2006, 34(5): 523 - 540.

[12] JIANG X, CARABALLO-CUETO J, NGUYEN C. Balanced Versus Unbalanced Growth: Revisiting the Forgotten Debate with

New Empirics[J]. Review of Development Economics, 2020, 24(4): 1430 - 1446.

[13] KIEFFER C H. Citizen Empowerment: A Developmental Perspective [J]. Prevention in Human Services, 1984, 3(2 - 3): 9 - 36.

[14] KRUMER-NEVO M, WEISS-GAL I, MONNICKENDAM M. Poverty-aware Social Work Practice: A Conceptual Framework for Social Work Education[J]. Journal of Social Work Education, 2009, 45(2): 225 - 243.

[15] MIDGLEY J. Social Security and Third World Poverty: The Challenge to Policymakers[J]. Review of Policy Research, 1993, 12(1 - 2): 133 - 143.

[16] MIDGLEY J, LIVERMORE M. The Developmental Perspective in Social Work: Educational Implications for a New Century[J]. Journal of Social Work Education, 1997, 33(3): 573 - 586.

[17] MISTURELLI F, HEFFERNAN C. The Concept of Poverty: A Synchronic Perspective[J]. Progress in Development Studies, 2010, 10(1): 35 - 38.

[18] PINDERHUGHES E B. Empowerment for Our Clients and for Ourselves[J]. Social Casework, 1983, 64(4): 331 - 338.

[19] PINDERHUGHES E B. Empowering Diverse Populations: Family Practice in the 21st Century[J]. Families in Society, 1995, 76(3): 131 - 140.

[20] RAPPAPORT J. Terms of Empowerment/Exemplars of Prevention: Toward a Theory for Community Psychology[J]. American Journal of Community Psychology, 1987, 15(2): 121 - 148.

[21] ROSSING B, GLOWACKI-DUDKA M. Inclusive Community in a Diverse World: Pursuing an Elusive Goal through Narrative-based Dialogue[J]. Journal of Community Psychology, 2001, 29(6): 729 - 743.

[22] SHARMA S L. Empowerment without Antagonism: A Case for Reformulation of Women's Empowerment Approach [J]. Sociological Bulletin, 2000, 49(1): 19 - 39.

[23] WEICK A, RAPP C, SULLIVAN WP, et al. A Strengths Perspective for Social Work Practice[J]. Social Work, 1989, 34(4): 350 - 354.

[24] ZIMMERMAN M A. Psychological Empowerment: Issues and Illustrations[J]. American Journal of Community Psychology, 1995, 23(5): 581 - 599.

三、中文书籍

[1] 阿马蒂亚·森. 以自由看待发展[M]. 任赜，于真，译. 北京：中国人民大学出版社，2002.

[2] 芭芭拉·提特. 社会工作理论与方法[M]. 余潇，刘艳霞，黄玺，吴腾，译. 上海：华东理工大学出版社，2013.

［3］ 范明林，张钟汝. 老年社会工作［M］. 上海：上海大学出版社，2005.

［4］ 关信平. 中国城市贫困问题研究［M］. 长沙：湖南人民出版社，1999.

［5］ 黄承伟，刘欣，周晶. 鉴往知来：十八世纪以来国际贫困与反贫困理论论述［M］. 南宁：广西人民出版社，2017.

［6］ 何雪松. 社会工作理论［M］. 上海：上海人民出版社，2007.

［7］ 康晓光. 中国贫困与反贫困理论［M］. 南宁：广西人民出版社，1995.

［8］ 罗伯特·亚当斯. 赋权、参与和社会工作［M］. 汪冬冬，译. 上海：华东理工大学出版社，2013.

［9］ 玛丽亚·康西安，谢尔登·丹齐革. 改变贫困，改变反贫困政策［M］. 刘杰，金晶，曹姗姗，等译. 2 版. 北京：中国社会科学出版社，2014.

［10］ 王雨林. 中国农村贫困与反贫困问题研究［M］. 杭州：浙江大学出版社，2008.

［11］ 汪三贵. 贫困问题与经济发展政策［M］. 北京：农村读物出版社，1994.

［12］ 王思斌. 社会工作概论［M］. 3 版. 北京：高等教育出版社，2014.

［13］ 向德平，黄承伟. 减贫与发展［M］. 北京：社会科学文献出版社，2016.

［14］ 叶普万. 贫困经济学研究［M］. 北京：中国社会科学出版社，2004.

四、中文文章

［1］ 安虎森. 增长极理论评述［J］. 南开经济研究，1997(1)：31－37.

［2］ 曹清华. 德国社会救助制度的反贫困效应研究［J］. 德国研究，2008(3)：18－25.

[3] 曹扶生，武前波. 国外城市反贫困理论研究综述[J]. 城市问题，2008(10)：75－80.

[4] 陈树强. 增权：社会工作理论与实践的新视角[J]. 社会学研究，2003(5)：70－83.

[5] 范斌. 弱势群体的增权及其模式选择[J]. 学术研究，2004(12)：73－78.

[6] 关信平. "后脱贫时代"的贫困老年人服务[J]. 中国社会工作，2019(28)：25.

[7] 穆光宗. 关于贫困之本质、类型及对策的社会人口学分析[J]. 中国贫困地区，1997(2)：44－47.

[8] 刘爽. 试论消除能力贫困与西部大开发[J]. 中国人口科学，2001(5)：46－51.

[9] 李迎生，郭燕. 推动社会工作精准介入反贫困实践[J]. 中国人民大学学报，2018，32(5)：92－103.

[10] 唐钧. 社会政策的基本目标：从克服贫困到消除社会排斥[J]. 江苏社会科学，2002(3)：41－47.

[11] 童星，林闽钢. 我国农村贫困标准线研究[J]. 中国社会科学，1994(3)：86－98.

[12] 吴国宝. 对中国扶贫战略的简评[J]. 中国农村经济，1996(8)：26－30.

[13] 向德平，姚霞. 社会工作介入我国反贫困实践的空间与途径[J]. 教学与研究，2009(6)：22－26.

[14] 约翰·弗里德曼. 再思贫困：赋权与公民权[J]. 国际社会科学杂志

(中文版),1997(2):9-20.

[15] 原华荣.人口与贫困[J].社会学研究,1992(5):80-90.

[16] 朱泽山.试论在我国实行不平衡增长发展战略的现实途径[J].经济研究,1994(3):54-59.

[17] 张勇.孟加拉小额信贷模式的最新发展[J].中国农村经济,2003(6):67-72.

后　记

贫困伴随人类社会发展而产生，是人类社会发展面临的最大挑战之一。人类社会不断向前发展，其实就是一个不断战胜贫困以寻求美好生活的过程。对于贫困的理解，不同的学者有不同的认识：有学者认为贫困是贫困个体或群体缺乏资源与收入；也有学者认为贫困个体或群体是因能力不足导致贫困；还有学者认为贫困是贫困个体或群体被排斥在其所生活的社会之外。不同的学者所持观点不同，其对贫困的认识也就不同。贫困不仅是个体的原因，社会结构维度也是一个重要因素；贫困不仅是物质方面的短缺，也是精神支持方面的欠缺。人类对贫困的认识也在朝着多维度的方向转变。人类对贫困的认识不断深化就是为了有一天可以摆脱贫困。

社会工作从其诞生之初就进行着扶危救困的专业活动，社会工作参与反贫困具有天然的亲和力，两者在专业目标、价值理念、理论运用与工作方法等方面都具有共同属性。这些因素都决定了社会工作应该继续参与到反贫困工作中。另外，当今社会反贫困工作复杂严峻，需要不同主体的协同参与。社会工作对反贫困的关注由来已久，因此社会工作者可以发挥自己的专业优势为弱势个体或群体提供多层次服务以弥补政府在反贫困实践中的不足。

社会工作中的赋权对于反贫困非常重要。赋权可以在反贫困社会工作中发挥个体或群体的能动性、激发其潜能、帮助其进行能力建设、帮助其获得资源与机会、促进链接并增强其价值感。当然，如今的社会工作在反贫困实践中更多的是停留在微观和中观的层面，宏观的政策层面的赋权还面临一定的挑战。

教育部人文社会科学研究青年基金项目“深度贫困地区农村妇女的能力贫困与赋权研究”(18YJC840008)的阶段性成果。

本书的出版得益于华东理工大学出版社的大力支持，中国社会工作教育协会反贫困专业委员会主任向德平教授为本书的写作提供了大力支持，在此一并表示感谢！

陈琦